Windows10 + 블로그

KB138956

Windows 10 시작하기

S·e·c·t·i·o·n

Windows 10은 Windows 7의 시작메뉴와 Windows 8.1의 시작화면의 장점을 결합하여 출시된 최신 버전입니다. Windows 8부터 시작메뉴가 사라져서 사용자들에게 불편을 초래하였고, 시작메뉴를 추가해달라는 사용자들의 요구가 빗발쳐 Winodws 10에서는 시작메뉴가 새롭게 변경되었습니다.

01 시작메뉴 살펴보기 ★

1 Windows 10이 설치된 PC를 부팅한 다음 바탕 화면 아래 작업 표시줄의 맨 왼쪽 **[시작단추]**(⊞)를 클릭합니다.

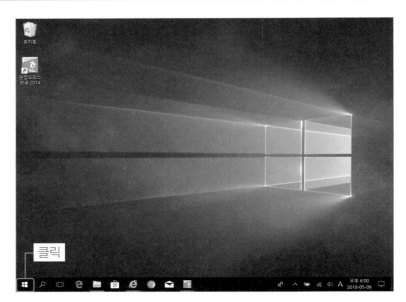

2 시작단추를 클릭하면 두 개의 화면이 나타나는데 왼쪽은 '**앱 목록**', 오른쪽은 '**시작화면**'이 나타난 것을 확인할 수 있습니다.

Windows 10에서는 프로그램을 앱이라고 표현하기 때문에 프로그램 목록이 아닌 '앱 목록'이라고 합니다.

Windows 10의 시작메뉴는 여러 영역으로 구분되어 있고, 각 영역의 기능과 역할을 제대로 익힌다면 Windows 10을 보다 쉽고 편리하게 사용할 수 있습니다. 아래의 그림을 통해 시작메뉴의 화면구성을 알아 보도록 하겠습니다.

이름	설명
❶ 최근에 추가한 앱	최근에 설치한 앱 목록이 표시됩니다.
❷ 자주 사용되는 앱	최근에 자주 사용했던 앱 목록이 표시됩니다.
❸ 앱 목록	시스템에 설치된 모든 앱이 목록에 표시됩니다.
❹ 사용자 계정	현재 사용자의 계정 설정 변경, 잠금, 로그아웃을 설정합니다.
❺ 파일 탐색기	Windows 파일 탐색기 창을 활성화합니다.
❻ 설정	Windows와 관련된 다양한 설정을 관리할 수 있는 대화상자를 활성화합니다.
❼ 전원	시스템을 종료하거나 절전모드, 업데이트 및 다시 시작할 수 있습니다.
❽ 시작단추	원하는 작업을 수행하기 위해 시작메뉴를 활성화합니다.

1 Windows 10에서는 다양한 방법으로 앱을 실행할 수 있습니다. 메모장을 실행하기 위해 **[시작단추]**(⊞)를 클릭한 후 앱 목록의 스크롤 막대를 이용하여 알파벳 '**W**' 영역까지 이동합니다.

2 Windows 보조프로그램을 선택하면 해당 그룹에 포함된 앱 목록이 표시됩니다. 메모장을 클릭하면 해당 앱이 실행된 것을 확인할 수 있습니다.

3 다른 방법으로 메모장을 실행하기 위해 **[Windows 검색]**(🔍) 아이콘을 클릭한 후 입력창에 "**메모장**"을 입력하고 **Enter** 를 누릅니다.

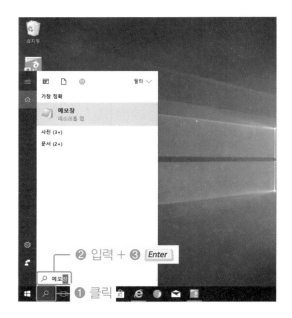

01 작업 표시줄의 시작단추를 이용하여 Windows 10을 다시 시작해 보세요.

02 작업 표시줄의 검색 아이콘을 이용하여 '계산기' 앱을 실행해 보세요.

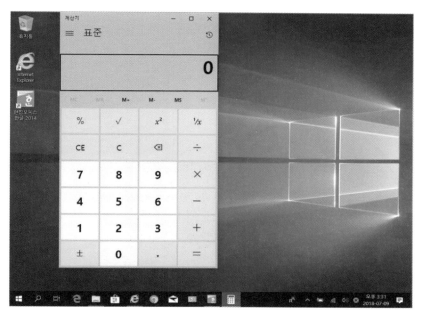

02 바탕 화면 설정하기

S·e·c·t·i·o·n

이번 장에서는 Windows 10의 바탕 화면에 바로가기 아이콘을 추가하거나 배경을 지정하는 방법에 대해 알아보겠습니다.

01 바탕 화면에 바로가기 아이콘 추가하기 ★

1 바탕 화면에 자주 사용하는 인터넷 익스플로러를 추가하기 위해 **[시작 단추]**(⊞)를 클릭한 후 스크롤 막대를 이용하여 **[Windows 보조프로그램]**을 클릭합니다.

2 **[Internet Explorer]** 앱에 마우스 오른쪽 단추를 클릭한 후 **[자세히]**−**[파일 위치 열기]**를 선택합니다.

③ 파일 탐색기 창이 열리면 [Internet Explorer] 앱이 선택된 상태로 마우스 오른쪽 단추를 클릭하여 [보내기]-[바탕 화면에 바로 가기 만들기]를 선택합니다.

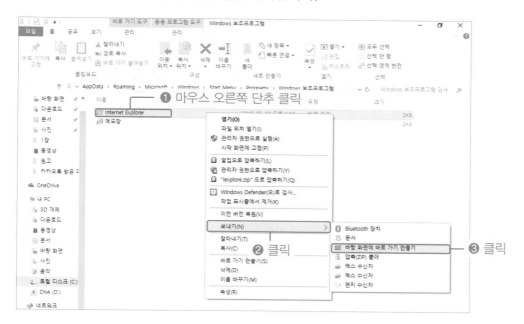

④ 바탕 화면에 'Internet Explorer' 바로가기 아이콘이 추가된 것을 확인합니다.

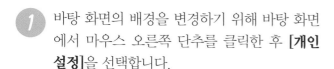

02 바탕 화면의 배경 지정하기 ★

① 바탕 화면의 배경을 변경하기 위해 바탕 화면에서 마우스 오른쪽 단추를 클릭한 후 [개인 설정]을 선택합니다.

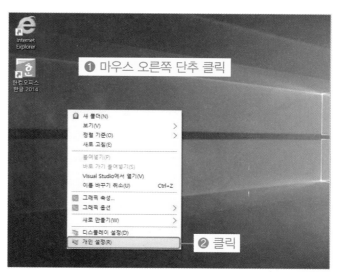

② [설정] 대화상자에서 [배경]을 클릭한 후 3
가지 옵션 중 '사진'을 선택합니다.

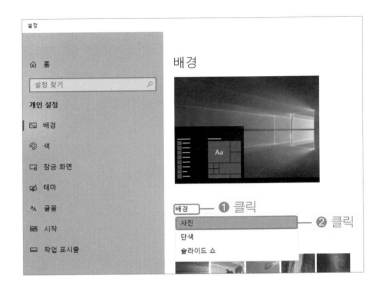

③ [사용자 사진 선택] 목록 중에서 마
음에 드는 사진을 선택한 후 종료
(×)를 클릭합니다.

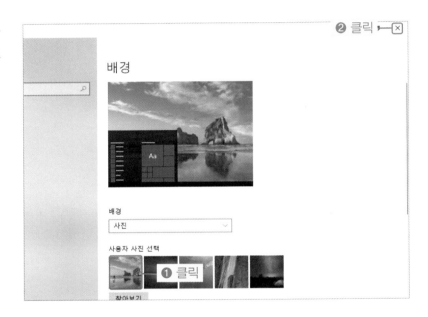

④ 바탕 화면의 배경이 변경된 것을 확인합니다.

셀프 테스트

01 바탕 화면에 '그림판' 앱을 바로가기 아이콘으로 추가해 보세요.

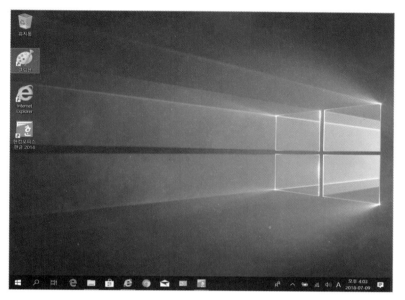

02 바탕 화면의 배경을 아래와 같이 설정해 보세요.

03
S·e·c·t·i·o·n

작업 표시줄 설정하기

이번 장에서는 Windows 10의 작업 표시줄에 프로그램 앱을 고정하거나 작업 표시줄의 속성을 변경하는 방법에 대해 알아보겠습니다.

01 작업 표시줄에 앱 고정하기

1 작업 표시줄에 자주 사용하는 앱을 고정하기 위해 **[시작단추](⊞)**를 클릭한 후 스크롤 막대를 조절하여 **[Windows 시스템]**을 클릭합니다.

2 **[제어판]** 앱에 마우스 오른쪽 단추를 클릭한 후 **[자세히]-[작업 표시줄에 고정]**을 선택합니다.

③ 바탕 화면의 작업 표시줄에 **[제어판]** () 앱이 고정된 것을 확인한 후 마우스로 클릭합니다.

④ [제어판] 앱이 실행된 것을 확인합니다.

02 작업 표시줄 속성 변경하기 ★

① 작업 표시줄의 빈 영역에 마우스 오른쪽 단추를 클릭한 후 **[작업 표시줄 잠금]**을 선택하여 해제합니다. **[작업 표시줄 잠금]** 앞에 체크가 되어있으면 속성을 변경할 수 없습니다.

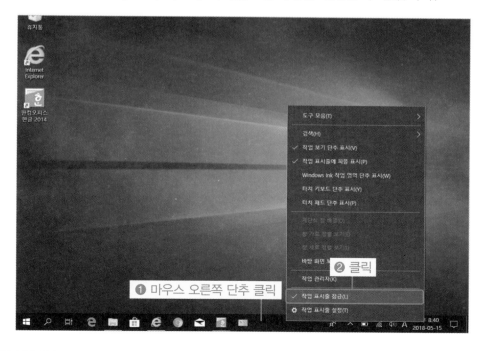

② 작업 표시줄의 빈 영역을 마우스로 드래그하여 바탕 화면의 오른쪽으로 이동합니다.

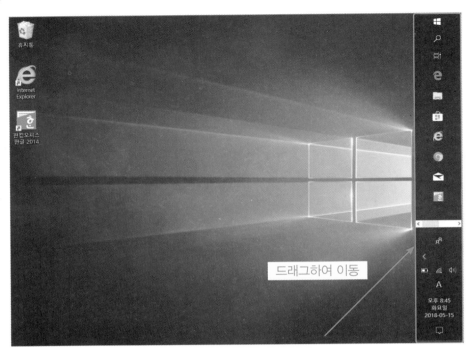

드래그하여 이동

③ 작업 표시줄에 여러 앱을 고정하려면 작업 표시줄의 크기를 변경해야 합니다. 작업 표시줄의 경계선에 마우스를 대고 마우스 포인터 모양이 상하(↕)로 바뀌게 되면 드래그하여 크기를 조절합니다.

드래그

④ 작업 표시줄의 크기가 변경된 것을 확인합니다.

셀프 테스트

01 작업 표시줄에 아래와 같이 '날씨' 앱을 고정해 보세요.

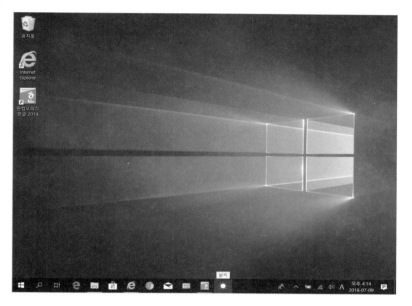

02 작업 표시줄을 아래와 같이 바탕 화면의 상단에 위치시켜 보세요.

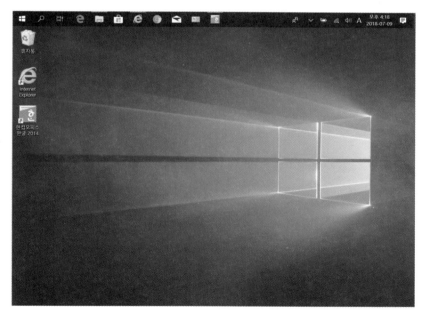

04
S·e·c·t·i·o·n

파일 탐색기 살펴보기

이번 장에서는 Windows 10에서 파일 탐색기를 실행하는 방법과 파일 탐색기의 창 크기 및 위치를 조절하는 방법에 대해 알아보겠습니다.

01 파일 탐색기 실행하기 ★

1 파일 탐색기를 실행하기 위해 작업 표시줄의 **[파일 탐색기]**(📁) 아이콘을 클릭하면 파일 탐색기 창이 열립니다.

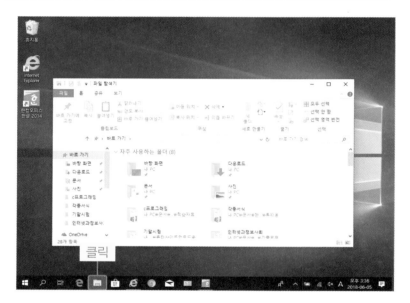

2 바로가기 메뉴에서 파일 탐색기를 실행하려면 **[시작단추]**(⊞)에서 마우스 오른쪽 단추를 누른 후 **[파일 탐색기]**를 클릭하면 파일 탐색기 창이 열립니다.

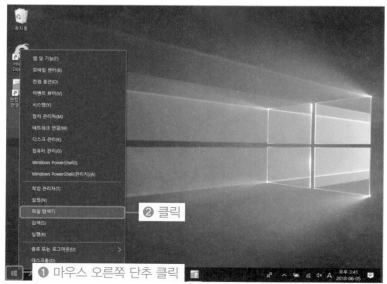

① 파일 탐색기 창의 크기를 화면에 꽉 찬 형태로 조절하려면 **[최대화]**(□) 아이콘을 클릭합니다.

② 파일 탐색기 창의 크기를 원래대로 되돌리려면 (⧉) 아이콘을 클릭합니다.

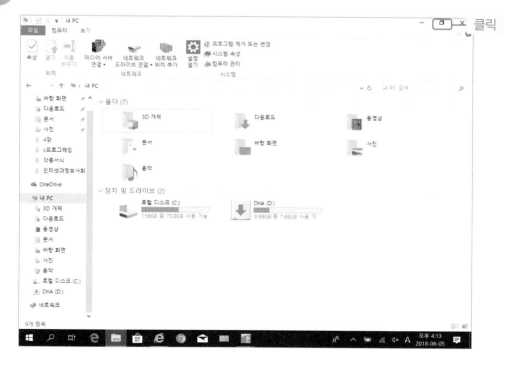

③ 파일 탐색기 창의 크기를 원하는 형태로 조절하려면 창의 테두리에 마우스를 대고 마우스 포인터가 상하
(↕) 또는 좌우(↔)로 바뀌면 드래그하여 늘리거나 줄입니다.

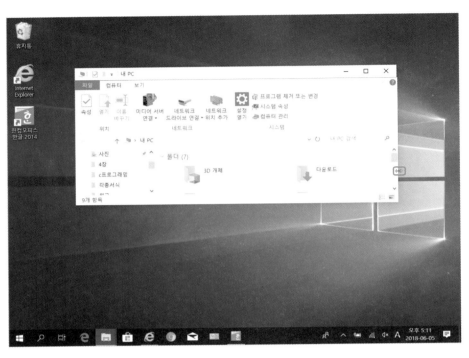

④ 파일 탐색기 창의 위치를 좌측으로 이동하기 위해 창의 맨 윗 부분을 마우스로 클릭한 채 화면의 좌측
끝까지 드래그하면 파일 탐색기 창이 화면의 좌측에 고정되고 우측에는 작업 중인 다른 앱들이 표시됩
니다.

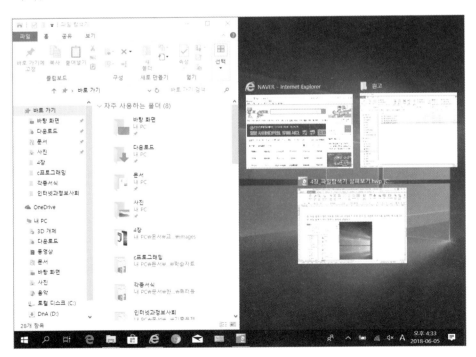

01 파일 탐색기 창을 아래와 같이 두 개가 나타나도록 실행해 보세요.

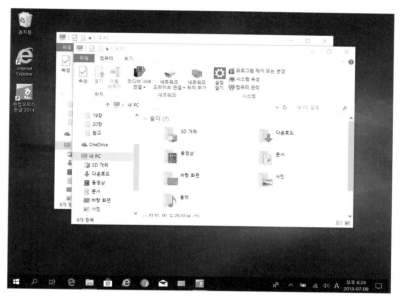

02 파일 탐색기 창을 아래와 같이 우측에 위치해 보세요.

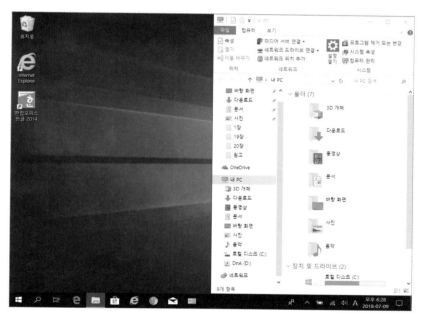

05 파일 및 폴더 관리하기

S·e·c·t·i·o·n

이번 장에서는 새 폴더를 추가하거나 폴더 이름을 변경하는 방법, 파일을 삭제하거나 복원하는 방법, 파일을 복사하거나 이동하는 방법에 대해 알아보겠습니다.

01 새 폴더 추가 및 이름 바꾸기 ★

1 파일 탐색기 창에서 새 폴더를 추가하기 위해 리본 메뉴의 **[새 폴더]**(▨)를 클릭하거나 단축키 **Ctrl** + **Shift** + **N** 을 누릅니다.

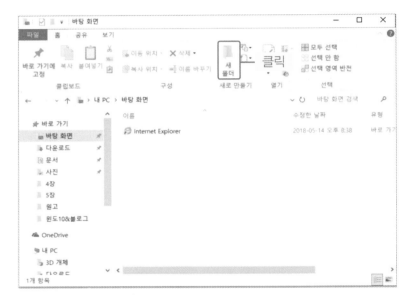

2 새 폴더가 추가된 것을 확인할 수 있습니다.

③ 폴더의 이름을 변경하기 위해 폴더가 선택된 상태에서 리본 메뉴의 **[이름 바꾸기]**(📝)를 클릭하거나 단축키 `F2` 를 누릅니다.

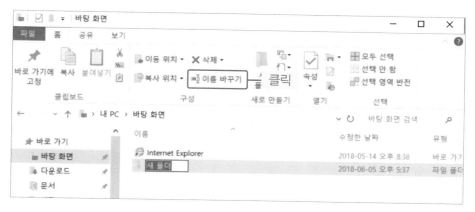

④ "**윈도우10**"이라고 입력한 후 `Enter` 를 누르거나 빈 영역을 클릭하여 빠져나옵니다.

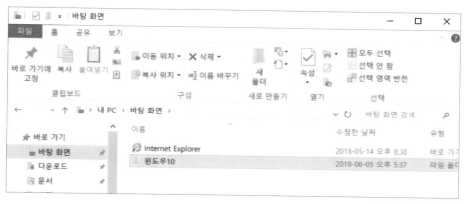

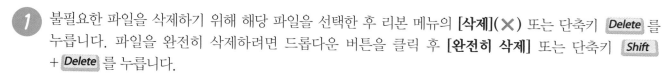

02 파일 삭제 및 복원하기 ★

① 불필요한 파일을 삭제하기 위해 해당 파일을 선택한 후 리본 메뉴의 **[삭제]**(✕) 또는 단축키 `Delete` 를 누릅니다. 파일을 완전히 삭제하려면 드롭다운 버튼을 클릭 후 **[완전히 삭제]** 또는 단축키 `Shift` + `Delete` 를 누릅니다.

TIP

파일을 삭제하면 휴지통으로 이동되어 복원이 가능하지만 파일을 완전히 삭제하면 복원이 되지 않으므로 주의해야 합니다.

2 파일이 삭제된 것을 확인할 수 있습니다.

3 삭제된 파일을 복원하기 위해 바탕 화면의 휴지통을 실행한 후 복원하고자 하는 파일을 선택한 다음 **[선택한 항목 복원]**(🗂)을 클릭합니다.

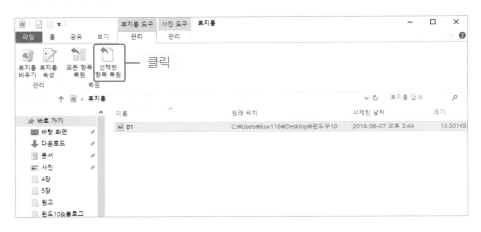

4 삭제된 파일이 복원되어 원래의 폴더로 이동된 것을 확인할 수 있습니다.

03 파일 복사 및 이동하기 ★

1 복사하고자 하는 파일을 선택한 후 리본 메뉴의 **[복사]**( )를 클릭하거나 단축키 **Ctrl** + **C** 를 누릅니다.

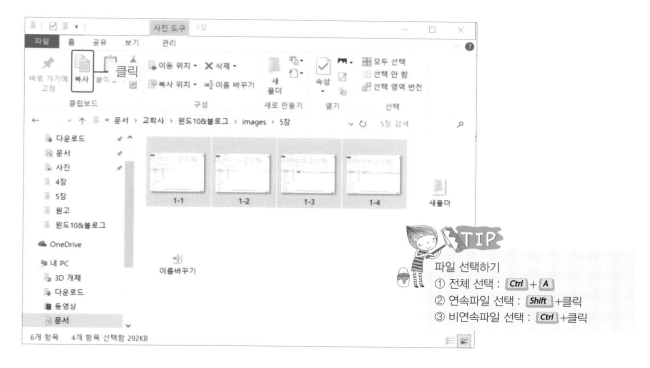

파일 선택하기
① 전체 선택 : **Ctrl** + **A**
② 연속파일 선택 : **Shift** +클릭
③ 비연속파일 선택 : **Ctrl** +클릭

2 복사할 폴더 안에서 **[붙여넣기]**( )를 클릭하거나 단축키 **Ctrl** + **V** 를 누르면 파일이 복사된 것을 확인할 수 있습니다.

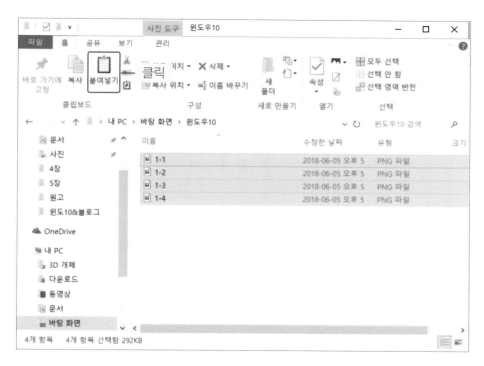

3 이번에는 파일을 이동하기 위해 이동하려는 파일을 선택한 후 **[잘라내기]**(✄)를 클릭하거나 단축키 **Ctrl** + **X** 를 누릅니다.

4 이동할 폴더 안에서 **[붙여넣기]**(▯) 또는 단축키 **Ctrl** + **V** 를 누르면 파일이 이동한 것을 확인할 수 있습니다.

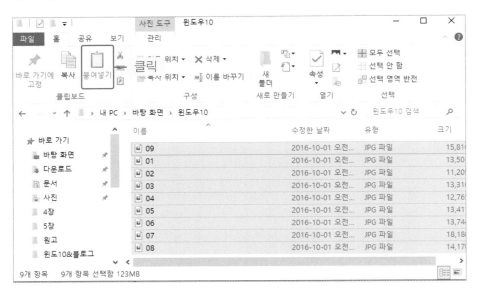

셀프 테스트

• 준비파일 : 셀프테스트)5장.hwp

01 바탕 화면에 새 폴더를 추가한 후 '교육자료'라는 이름으로 폴더 이름을 변경해 보세요.

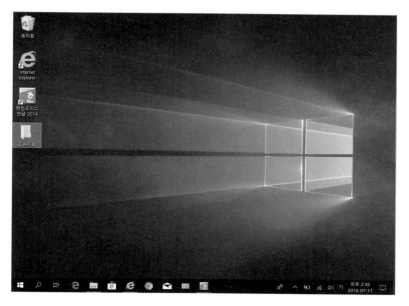

02 셀프테스트의 '5장' 폴더 안의 파일들을 바탕 화면의 '교육자료' 폴더 안에 복사해 보세요.

파일 압축 및 파일 찾기

S·e·c·t·i·o·n

이번 장에서는 파일을 압축하고 압축된 파일을 푸는 방법, 원하는 파일을 쉽게 찾는 방법에 대해 알아보겠습니다.

01 파일 압축하기 ★

1 파일 탐색기에서 파일을 압축하기 위해 압축할 파일들을 모두 선택한 후 **[공유]** 탭-**[압축(ZIP)]**()을 클릭합니다.

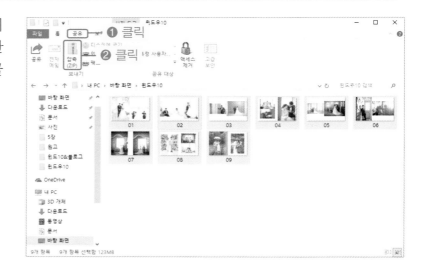

2 압축이 완료되면 압축파일명을 입력한 후 압축파일이 생성된 것을 확인합니다.

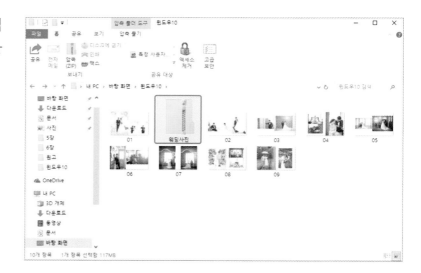

02 압축파일 풀기 ★

1 압축파일을 풀기 위해 압축파일을 선택한 후 **[압축 풀기]** 탭-**[압축 풀기]**( )를 클릭합니다.

PC에 별도의 압축 프로그램이 설치되어 있는 경우에는 활성화가 안될 수도 있습니다. 이럴 경우 압축파일이 선택된 상태에서 마우스 오른쪽 단추를 클릭한 후 '여기에 압축 풀기'를 선택하여 압축을 해제합니다.

2 **[압축 폴더 풀기]** 대화상자에서 다른 경로에 압축파일을 풀려면 **[찾아보기]**를 클릭합니다. 여기서는 현재 폴더에 압축파일을 풀기 위해 **[압축 풀기]**를 클릭합니다.

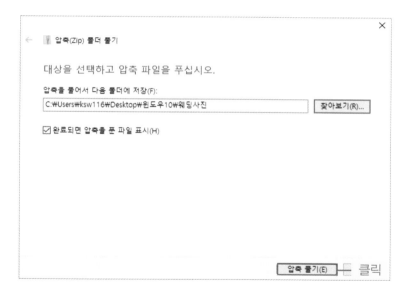

3 현재 폴더에 압축파일 풀기가 진행되는 것을 확인할 수 있습니다.

④ 압축파일 풀기가 완료되면 파일들이 포함된 새로운 폴더가 생성된 것을 확인할 수 있습니다.

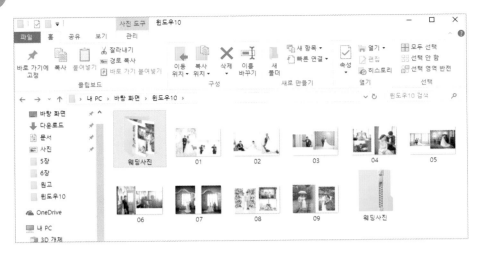

03 파일 찾기 ★

① 파일명으로 원하는 파일을 찾기 위해 파일 탐색기의 검색 창을 클릭합니다.

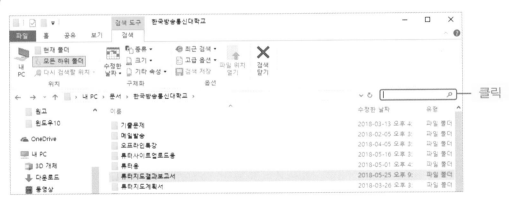

② 파일명을 입력하면 검색결과에 해당 파일명이 포함된 파일이 검색된 것을 확인할 수 있습니다.

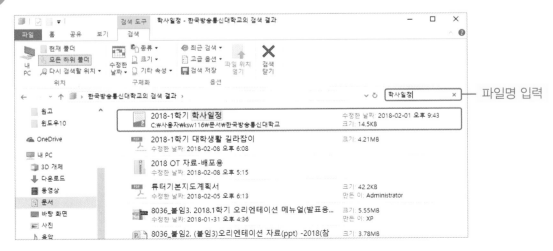

③ 이번에는 파일 유형이 **'사진'**에 해당하는 것만 찾기 위해 파일 탐색기의 검색 창에 마우스를 클릭한 후 **[검색]** 탭–**[종류]**–**[사진]**을 선택합니다.

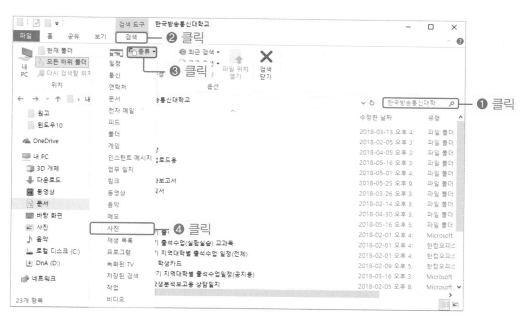

④ 검색 결과에서 파일 유형이 **'사진'**에 해당하는 파일만 검색이 된 것을 확인할 수 있습니다.

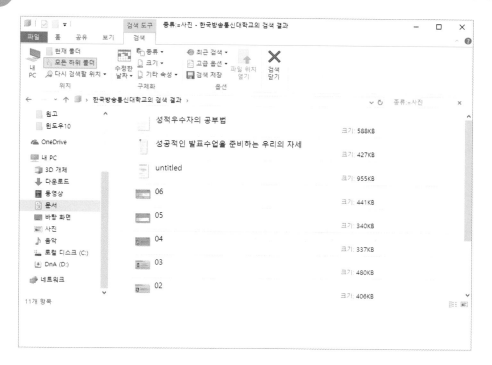

01 셀프테스트의 '6장' 폴더 안의 파일들을 '실습'이라는 이름으로 압축해 보세요.

02 실습 압축파일을 바탕 화면의 '교육자료' 폴더 안에 압축풀기를 해 보세요.

• 준비파일 : 셀프테스트)6장.hwp

 03 파일 탐색기의 검색 창을 이용하여 '빅데이터' 파일을 찾아 보세요.

 04 파일 탐색기의 검색 메뉴에서 종류를 '사진'으로 설정한 후 '모나리자' 파일을 찾아보세요.

07 디스크 관리하기

S·e·c·t·i·o·n

이번 장에서는 하드디스크의 저장 공간을 확인하는 방법과 불필요한 파일들을 삭제하여 하드디스크의 여유공간을 확보하고 드라이브 조각 모음 및 최적화를 통해 시스템의 성능을 높여주는 방법에 대해 알아보겠습니다.

01 하드디스크의 저장 공간 확인하기 ★

1 하드디스크의 저장 공간을 확인하기 위해 [시작단추](▦)를 클릭한 후 [설정](⚙)을 클릭합니다.

2 [Windows 설정] 창에서 [시스템] (🖳)을 선택합니다.

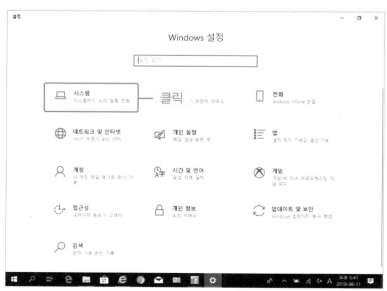

③ **[시스템]**의 하위 목록 중 **[저장 공간]**(▭)을 클릭한 후 우측의 로컬 저장소의 용량을 확인한 다음 공간을 차지하고 있는 세부 항목들을 확인하기 위해 **[내 PC (C:)]**를 선택합니다.

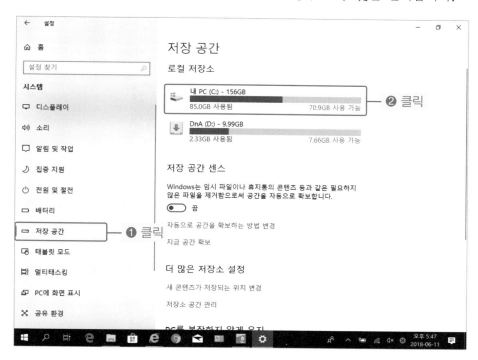

④ **[내 PC (C:)]** 드라이브에서 가장 많은 공간을 차지하고 있는 항목 순으로 정렬된 것을 확인할 수 있습니다.

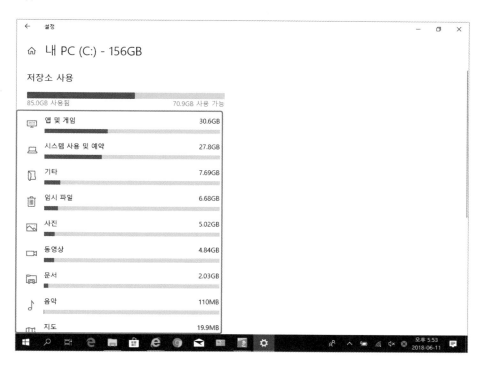

1 불필요한 파일들을 삭제하여 하드디스크를 정리하기 위해 작업 표시줄의 **[검색]**(🔍)을 클릭한 후 검색 창에 **"디스크 정리"**라고 입력하면 **[디스크 정리]** 앱이 검색됩니다. **[디스크 정리]** 앱을 클릭합니다.

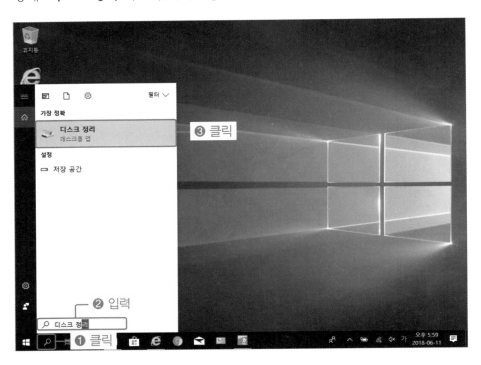

2 **[디스크 정리 : 드라이브 선택]** 대화상자가 나타나면 C 드라이브를 선택한 후 **[확인]**을 클릭합니다.

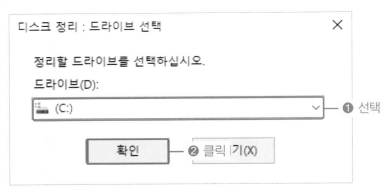

③ **[디스크 정리]** 대화상자에서 **[삭제할 파일]** 중 '**임시 인터넷 파일**'을 선택하고 **[확인]**을 클릭합니다.

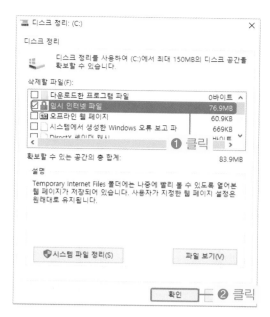

④ 파일을 삭제할 것인지 묻는 메시지 창이 나오면 **[파일 삭제]**를 클릭하여 디스크 정리를 시작합니다.

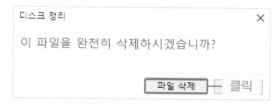

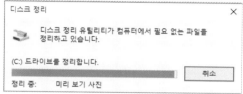

03 드라이브 조각 모음 및 최적화하기 ★

① 작업 표시줄의 **[검색]**(🔍)을 클릭한 후 검색 창에 "**조각**"이라고 입력한 다음 **[드라이브 조각 모음 및 최적화]** 앱을 클릭합니다.

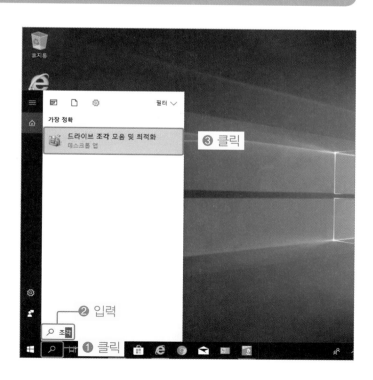

② **[드라이브 최적화]** 대화상자에서 C 드라이브를 최적화하기 위해 **(C:)**를 선택한 후 **[최적화]**를 클릭합니다.

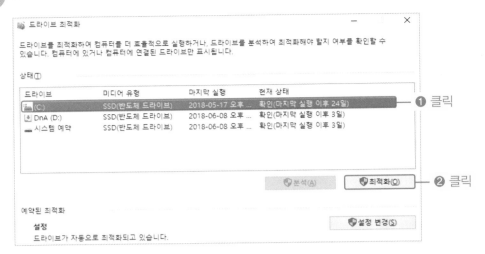

③ C 드라이브의 최적화를 시작합니다.

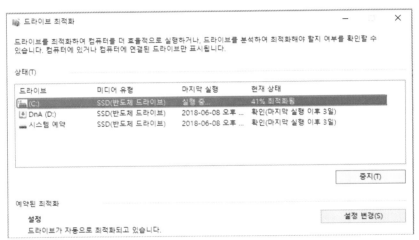

④ C 드라이브의 최적화가 완료된 것을 확인할 수 있습니다.

01 시작단추의 [설정]−[시스템]을 이용하여 하드디스크의 저장 공간을 확인해 보세요.

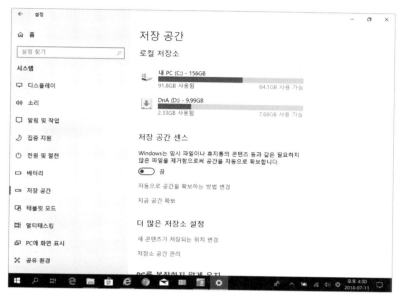

02 [드라이브 조각 모음 및 최적화] 앱을 이용하여 C 드라이브를 최적화해 보세요.

08
S·e·c·t·i·o·n

외부 장치 추가하기

이번 장에서는 프린터나 블루투스 기기와 같은 외부 장치를 추가하는 방법에 대해 알아보겠습니다.

01 프린터 추가하기 ★

① PC에 연결된 프린터를 추가하기 위해 [**시작단추**](⊞)를 클릭한 후 [**설정**](⚙)을 클릭합니다.

② [**Windows 설정**] 창에서 [**장치**](🖥)를 선택합니다.

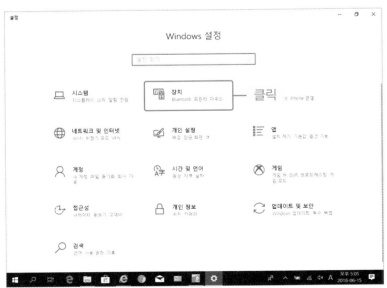

③ 프린터를 추가하기 위해 **[장치]** 목록 중 **[프린터 및 스캐너]**를 선택한 후 **[프린터 또는 스캐너 추가]**를 클릭합니다(이 때, 추가할 프린터의 USB가 PC에 연결되어 있어야 합니다.).

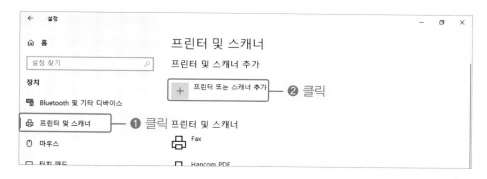

④ PC에 연결된 프린터가 자동으로 검색되면 **[장치 추가]**를 클릭합니다.

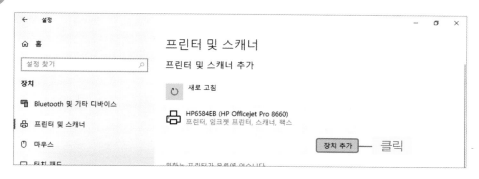

⑤ 프린터 추가를 위해 드라이버가 자동으로 설치되는 것을 확인합니다.

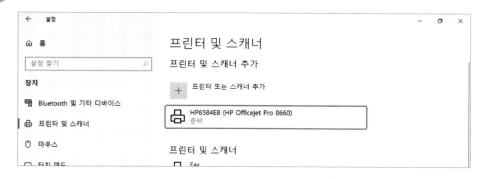

⑥ 프린터 추가가 완료되면 추가된 프린터가 준비 상태로 표시된 것을 확인할 수 있습니다.

1 PC에 블루투스 기기를 추가하기 위해 **[시작단추](Ⅲ)**를 클릭한 후 **[설정](⚙)**을 클릭합니다.

TIP

노트북이나 태블릿 PC는 기본적으로 블루투스 기능을 지원하지만 데스크탑 PC는 블루투스 기능을 지원하지 않을 수도 있습니다. 이 경우 블루투스 동글을 사용하여 블루투스 기능을 지원받을 수 있습니다.

2 **[Windows 설정]** 창에서 **[장치](🖳)**를 선택합니다.

3 블루투스 기기를 검색하기 위해 '**Bluetooth**'가 켜져있는지 확인합니다.

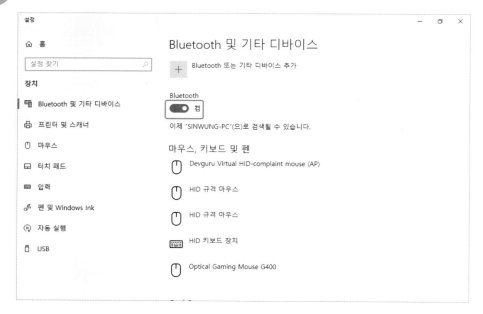

④ [Bluetooth 또는 기타 디바이스 추가]를 클릭하여 추가할 블루투스 기기를 검색합니다.

⑤ [디바이스 추가] 대화상자에서 [Bluetooth]를 클릭합니다.

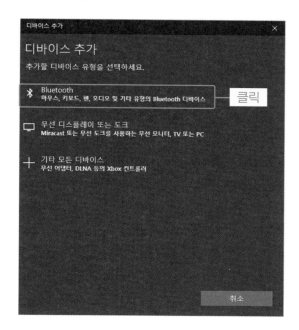

⑥ 연결할 블루투스 기기가 검색되면 해당 기기를 클릭합니다.

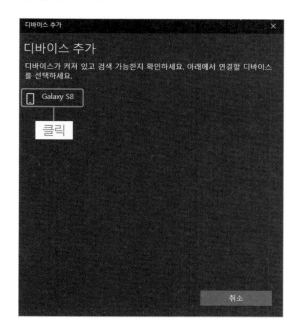

⑦ PC와 블루투스 기기 간에 PIN번호가 일치하면 [연결]을 클릭합니다.

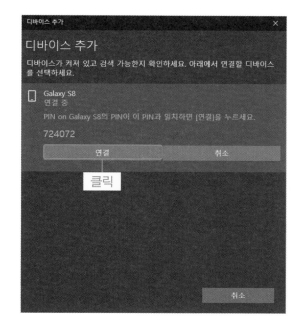

8 블루투스 기기가 사용할 준비가 되었다는 메시지를 확인할 수 있습니다. 여기에서는 노트북과 스마트폰을 블루투스로 연결해 보았습니다.

9 이번에는 추가된 블루투스 기기를 제거하기 위해 Bluetooth 및 기타 디바이스의 **[장치 제거]**를 클릭한 후 '이 장치를 제거할까요?' 메시지가 나오면 **'예'**를 클릭합니다.

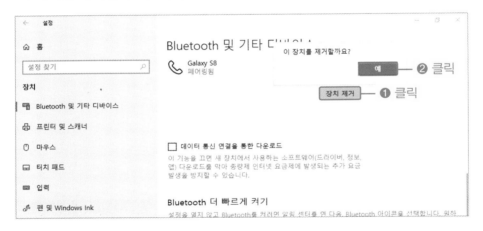

10 블루투스 기기가 정상적으로 제거된 것을 확인할 수 있습니다.

셀프 테스트

01 시작단추의 설정 항목 중 장치 기능을 이용하여 현재 사용하고 있는 휴대폰이나 기타 블루투스 기기를 추가해 보세요.

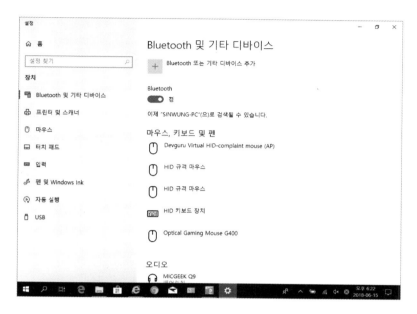

02 연결된 블루투스 기기를 '장치 제거'를 이용하여 정상적으로 제거해 보세요.

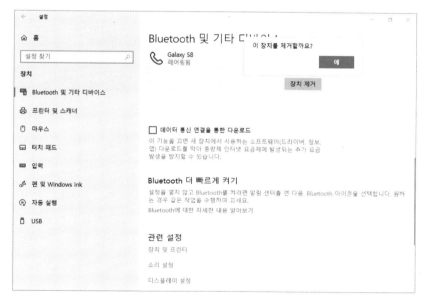

09 사용자 계정 추가하기

S·e·c·t·i·o·n

이번 장에서는 Windows 10에서 여러 명의 사용자들이 한 대의 컴퓨터를 서로 독립적으로 사용하기 위해 사용자 계정을 추가하는 방법과 다른 계정으로 로그인하는 방법에 대해 알아보겠습니다.

01 사용자 계정 추가하기 ★

1 사용자 계정을 추가하기 위해 **[시작단추]**(⊞)를 클릭한 후 **[설정]**(⚙)을 클릭합니다.

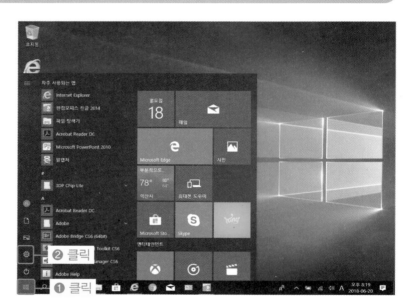

2 **[Windows 설정]** 창에서 **[계정]**(👤)을 선택합니다.

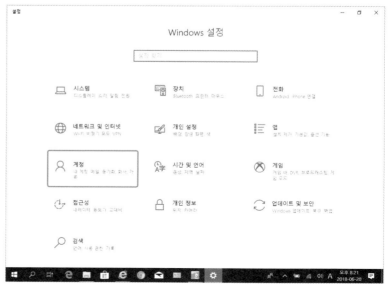

3 계정 목록 중 **[가족 및 다른 사용자]**를 선택한 후 **[이 PC에 다른 사용자 추가]**를 클릭합니다.

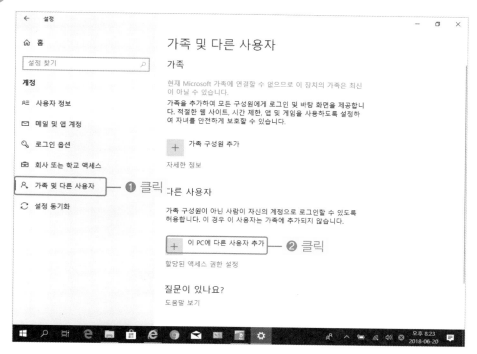

4 여기에서는 로컬 계정을 사용하기 위해 **'이 사람의 로그인 정보를 가지고 있지 않습니다.'**를 선택합니다.

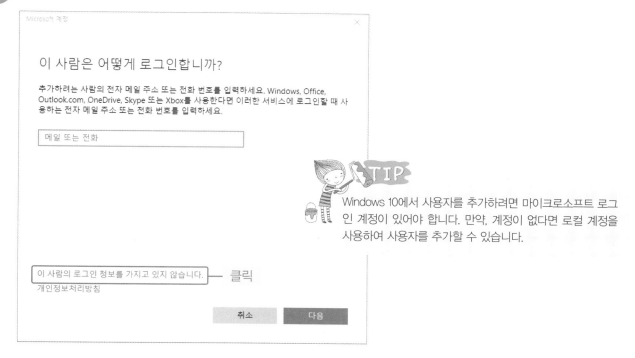

⑤ 마이크로소프트 계정 생성 대화상자에서 '**Microsoft 계정 없이 사용자 추가**'를 클릭합니다.

⑥ PC용 로컬 계정을 사용하기 위해 **사용자 이름, 암호, 보안 질문, 답변**을 모두 입력한 후 [**다음**]을 클릭합니다.

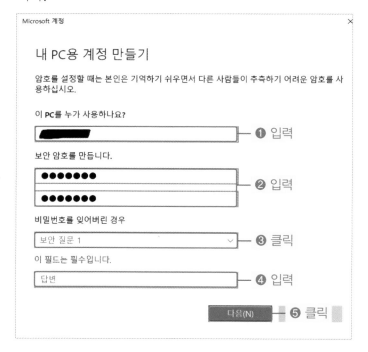

7 사용자 계정이 추가된 것을 확인합니다.

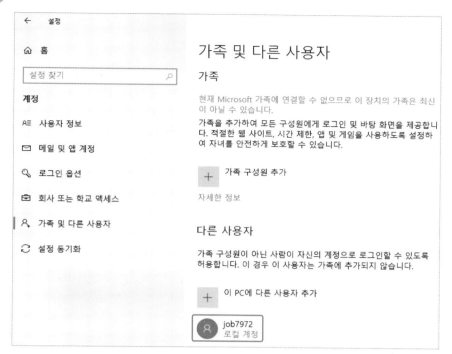

02 다른 계정으로 로그인하기 ★

1 이전에 추가한 사용자 계정으로 로그인하기 위해 **[시작단추]**(⊞)-**[사용자 계정]**(👤)을 클릭한 다음 새로운 계정을 선택합니다.

② 로그인 화면에서 사용자 계정의 암호를 입력하고 Enter 를 누릅니다.

③ [시작단추](⊞)-[사용자 계정](🔲)을 클릭하여 새로운 사용자 계정으로 로그인되었는지 확인합니다.

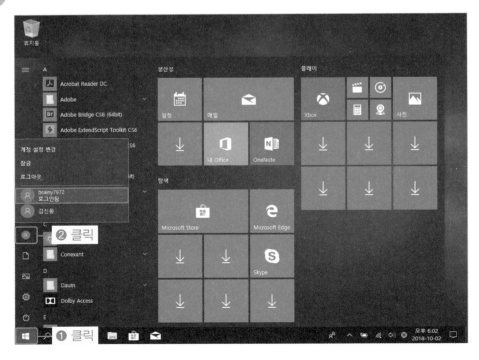

01 현재 사용 중인 PC에 다른 사용자 계정을 추가해 보세요.

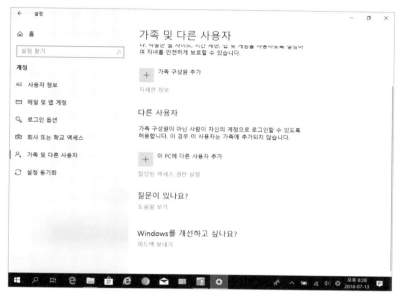

02 Windows 10 운영체제를 다른 사용자 계정으로 로그인해 보세요.

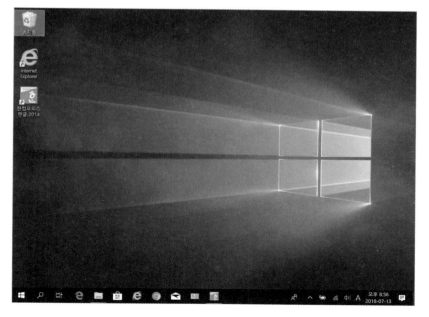

네트워크 정보 확인하기

이번 장에서는 현재 사용 중인 네트워크의 상태를 확인하는 방법과 IP주소를 확인하는 방법에 대해 알아보겠습니다.

01 네트워크 상태 확인하기 ★

1 현재 사용 중인 네트워크의 상태를 확인하기 위해 **[시작단추]**(⊞)를 클릭한 후 **[파일 탐색기]**를 선택합니다.

2 파일 탐색기 창에서 **[네트워크]**를 클릭하면 현재 네트워크로 연결된 컴퓨터를 확인할 수 있습니다.

인터넷 공유기를 사용하면 2대 이상의 PC를 하나의 네트워크로 연결할 수 있습니다.

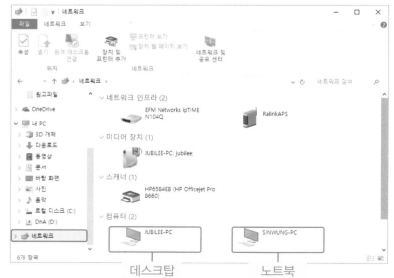

③ 현재 인터넷에 연결되어 있는 네트워크의 상태를 확인하기 위해 **[네트워크 및 공유 센터]**를 클릭합니다.

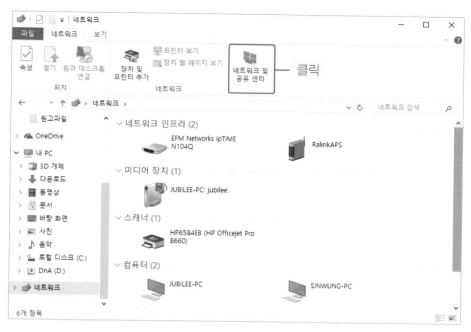

④ 현재 사용하고 있는 PC의 네트워크 상태를 확인할 수 있습니다. 필자는 노트북 환경에서 무선 공유기를 사용하였기 때문에 와이파이로 연결되었지만 데스크탑의 경우 이더넷으로 표시됩니다.

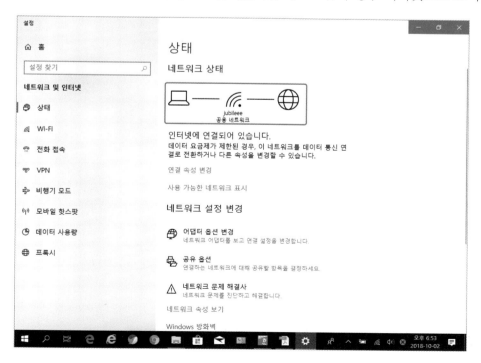

1 현재 연결된 네트워크의 IP주소를 확인하기 위해 **[연결 속성 변경]**을 클릭합니다.

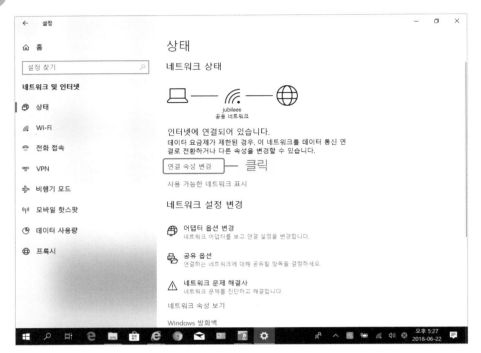

2 속성의 세부 항목 중 IPv4 주소가 해당 네트워크의 IP주소임을 확인할 수 있습니다.

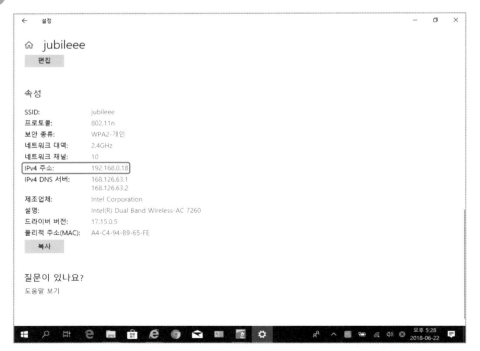

3 다른 방법으로 IP주소를 확인하기 위해 [검색](🔍)을 클릭한 후 검색 창에 "cmd"라고 입력하고 검색 결과에 [명령 프롬프트] 앱이 검색되면 클릭하여 실행합니다.

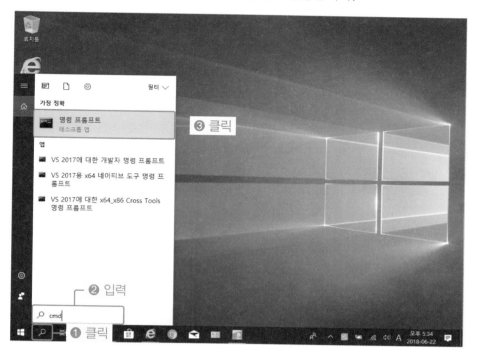

4 명령 프롬프트 앱이 실행된 것을 확인합니다.

5 커서가 깜박이면 "**ipconfig**"라고 입력한 후 **Enter** 를 누릅니다.

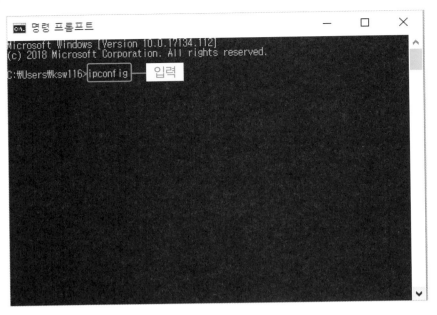

6 필자는 무선 네트워크를 사용하고 있기 때문에 **[무선 LAN 어댑터 Wi-Fi]**의 '**IPv4 주소**'가 네트워크의 IP 주소에 해당됩니다. 네트워크가 유선으로 연결되어 있다면 **[이더넷 어댑터 로컬 영역 연결]**의 '**IPv4 주소**' 를 확인합니다.

셀프 테스트

01 현재 사용 중인 PC의 네트워크 상태를 확인해 보세요.

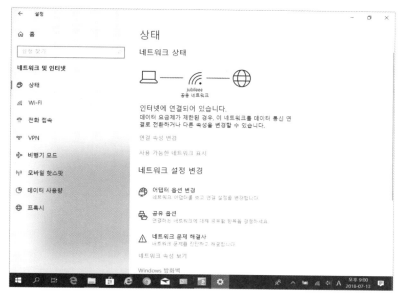

02 명령 프롬프트 앱을 이용하여 현재 사용 중인 PC에 연결된 네트워크의 IP주소를 확인해 보세요.

파일 및 폴더 공유하기

S·e·c·t·i·o·n

이번 장에서는 파일이나 폴더를 공유한 후 네트워크에서 제대로 공유되고 있는지 확인하는 방법에 대해 알아보겠습니다.

01 네트워크 파일 및 폴더 공유하기 ★

1 파일 탐색기를 실행한 후 공유할 폴더를 선택하고 **[홈]** 탭의 **[열기]** 그룹 중 **[속성]**(☑)을 클릭합니다.

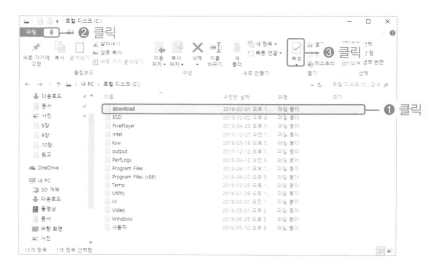

2 **[속성]** 대화상자에서 **[공유]** 탭을 선택한 후 **[공유]**를 클릭합니다.

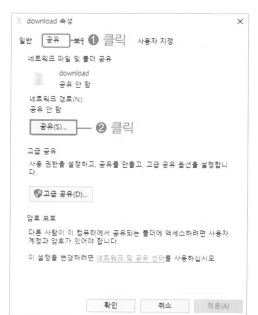

3 폴더를 특정 사용자에게 공유하려면 사용자 계정을 입력하면 됩니다. 여기에서는 네트워크에 연결된 모든 사용자와 공유하기 위해 내림단추를 클릭합니다.

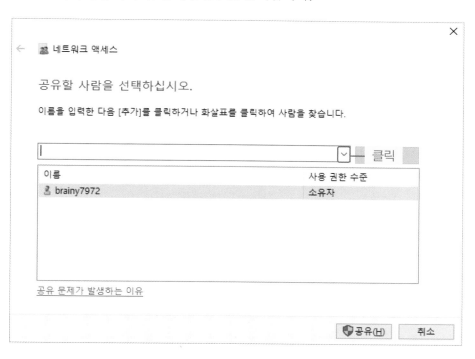

4 사용자 목록 중 [Everyone]을 선택한 후 [추가]를 클릭합니다.

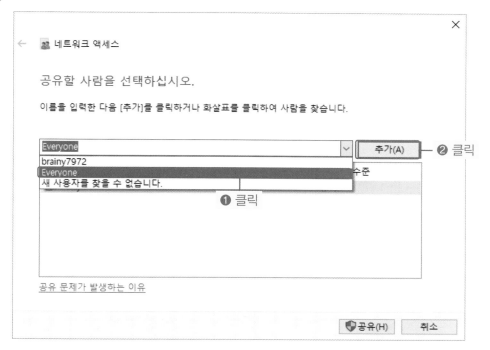

5 공유 폴더를 다른 사용자가 읽고 수정할 수 있게 하려면 **[읽기/쓰기]**를 선택한 후 **[공유]**를 클릭합니다.

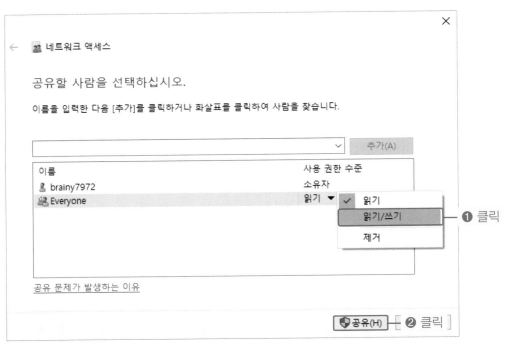

6 공유된 폴더와 네트워크 경로가 표시된 것을 확인한 후 **[완료]**를 클릭합니다.

① 폴더 공유가 제대로 되었는지 확인하기 위해 파일 탐색기를 실행한 후 공유 폴더가 선택된 상태에서 **[홈]** 탭의 **[속성]**(☑) 클릭합니다.

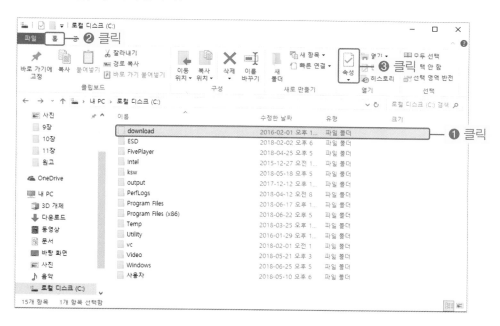

② **[속성]** 대화상자의 **[네트워크 파일 및 폴더 공유]**에서 해당 폴더가 **'공유됨'**으로 설정되어 있고, **[네트워크 경로]**도 설정된 것을 확인할 수 있습니다.

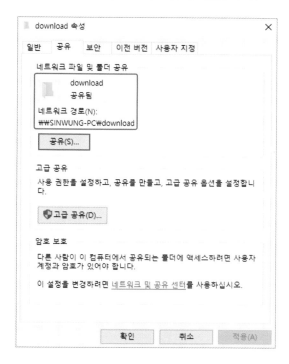

③ 이번에는 파일 탐색기를 실행한 후 **[네트워크]**를 선택하고 사용자의 컴퓨터를 더블클릭합니다.

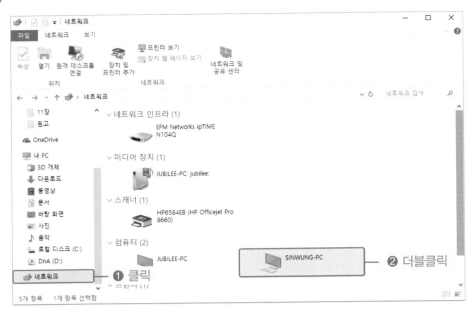

④ 공유 폴더가 제대로 나타나는지 확인합니다.

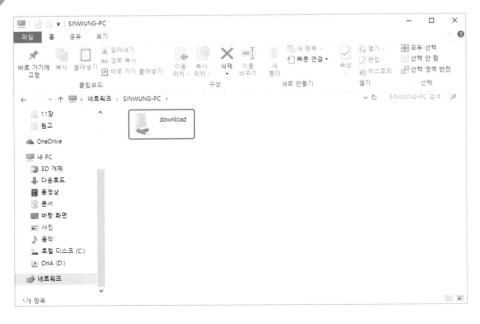

01 바탕 화면에 새 폴더를 추가한 후 폴더명은 '공유폴더', 공유 대상은 'Everyone', 사용권한 수준은 '읽기/쓰기'로 설정해 보세요.

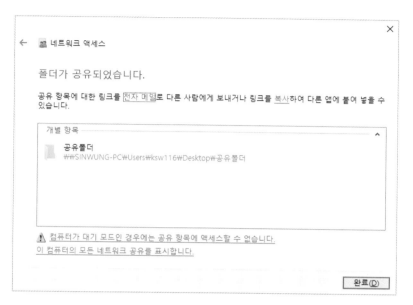

02 '공유폴더'의 폴더 공유가 제대로 설정되었는지 확인해 보세요.

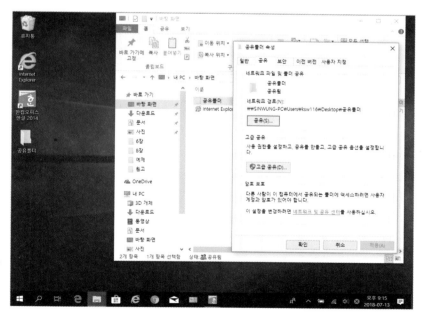

12 메일 앱 활용하기

S·e·c·t·i·o·n

이번 장에서는 Windows 10에 기본으로 설치되어 있는 메일 앱을 활용하여 계정을 추가해보고 메일을 주고받는 방법에 대해 알아보겠습니다.

01 메일 계정 추가하기 ★

1 메일 앱을 실행하기 위해 **[시작단추]**(⊞)를 클릭한 후 **'메일'** 앱을 클릭합니다.

2 메일 계정을 추가하기 위해 좌측의 **[계정]**(👤)을 클릭합니다.

③ [계정 관리] 창에서 [계정 추가]를 클릭합니다.

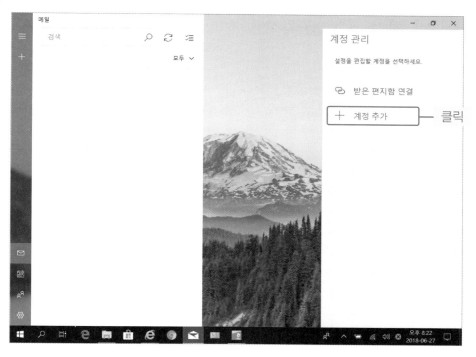

④ [계정 추가] 목록 중 추가할 계정을 선택합니다. 추가할 계정이 목록에 없으면 [다른 계정]을 선택합니다.

5 추가할 계정의 '**메일 주소**'와 '**사용자 이름**', '**암호**'를 입력한 후 [**로그인**]을 클릭합니다.

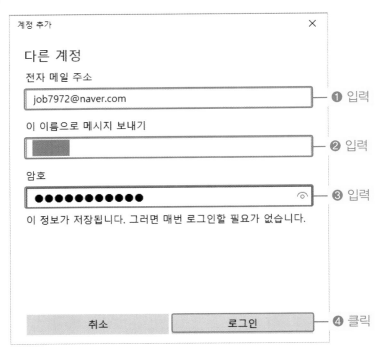

6 메일 계정이 추가된 것을 확인한 후 [**완료**]를 클릭합니다.

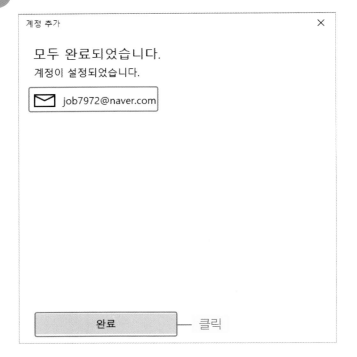

02 메일 확인 및 보내기

1 새로운 메일을 가져오기 위해 검색 창 옆의 **[동기화]**(↻)를 클릭합니다.

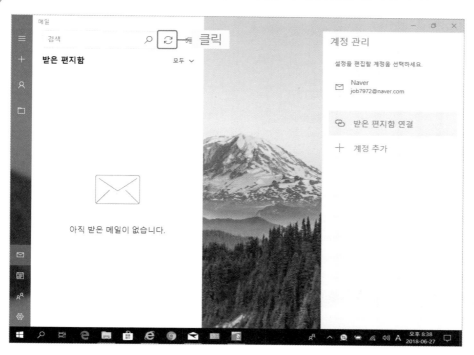

2 동기화가 완료되면 읽고 싶은 메일을 클릭하여 내용을 확인합니다.

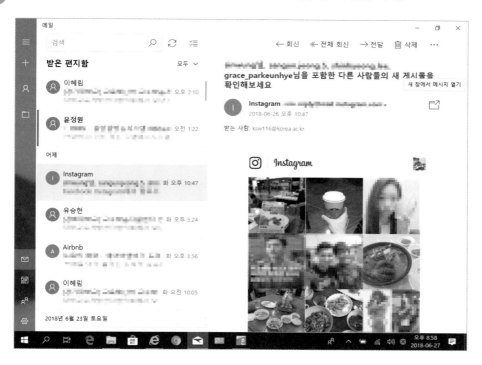

③ 이번에는 메일을 보내기 위해 **[새 메일]**(➕)을 클릭한 후 **'받는 사람 메일 주소'**와 **'메일 제목'**, **'메일 내용'**을 입력한 다음 **[보내기]**를 클릭합니다.

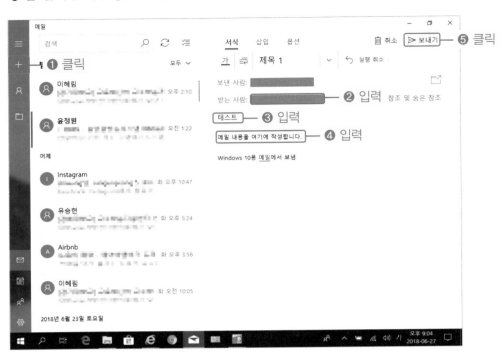

④ 메일이 제대로 보내졌는지 확인하려면 **[모든 폴더]**(▢)-**[보낸 편지함]**을 클릭합니다.

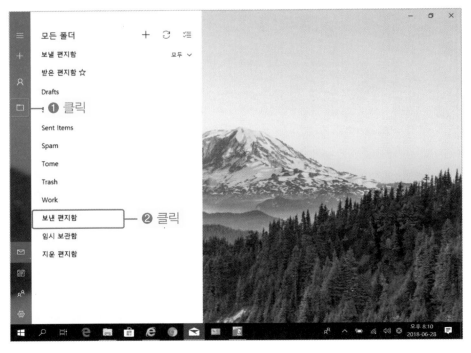

01 윈도우 10의 메일 앱을 이용하여 메일 계정을 추가해 보세요.

계정 추가 ✕

다른 계정

전자 메일 주소

someone@example.com

이 이름으로 메시지 보내기

암호

이 정보가 저장됩니다. 그러면 매번 로그인할 필요가 없습니다.

취소   로그인

02 추가한 메일 계정으로 메일을 보내보세요.

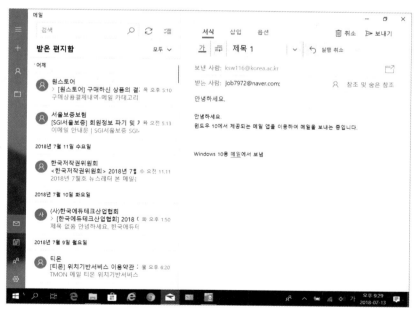

13
S·e·c·t·i·o·n

Microsoft Edge 브라우저 활용하기

이번 장에서는 Windows 10에 기본으로 설치되어 있는 Microsoft Edge(MS 엣지) 브라우저를 실행하여 주요 사이트 및 내 피드를 설정하는 방법과 시작 페이지 지정하는 방법, 즐겨찾기를 추가하는 방법에 대해 알아보겠습니다.

01 주요 사이트 및 내 피드 설정하기

1 MS 엣지 브라우저를 실행하기 위해 **[시작단추](⊞)**를 클릭한 후 타일 목록에서 '**Microsoft Edge**' 앱을 클릭합니다.

2 주요 사이트에 자주 이용하는 사이트를 추가하려면 **[사이트 추가]**를 클릭합니다.

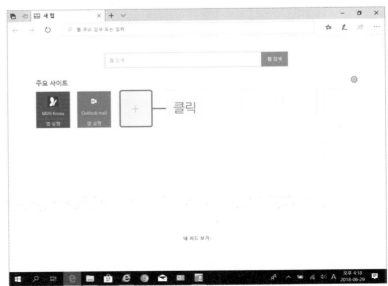

③ **[웹 사이트 또는 URL 추가]**에 자주 이용하는 사이트 주소를 입력한 후 **[추가]**를 클릭합니다. 여기에서는 **"네이버(http://naver.com)"**를 추가해 보겠습니다.

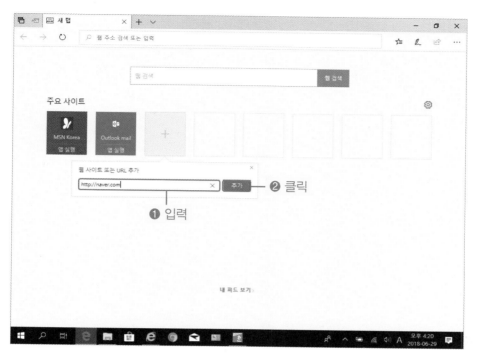

④ 주요 사이트에 방금 추가한 네이버가 등록된 것을 확인할 수 있습니다. 주요 사이트 및 내 피드를 설정하기 위해 **[사용자 지정]**(⚙)을 클릭합니다.

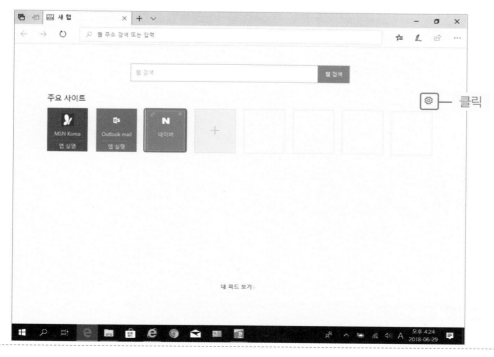

5 **[사용자 지정]** 대화상자에서 **[페이지 표시 설정]**은 '**주요 사이트 및 내 피드**'를 선택한 후 아래쪽 관심 주제에서 원하는 관심 주제를 선택한 다음 **[저장]**을 클릭합니다. 여기에서는 '**뉴스**'를 선택해 보겠습니다.

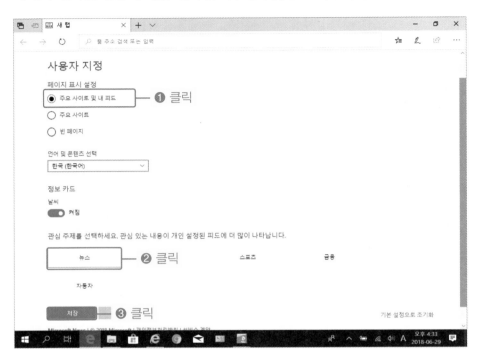

6 새 탭을 클릭하면 주요 사이트 및 뉴스와 관련된 내 피드가 같이 나타난 것을 확인할 수 있습니다.

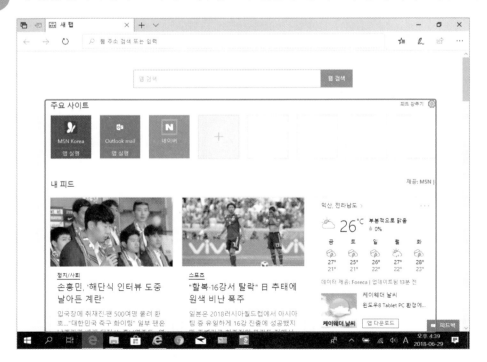

1 MS 엣지 브라우저를 실행했을 때 처음 보이는 사이트를 시작 페이지로 지정하기 위해 **[기타]**(…)를 클릭한 후 **[설정]**을 선택합니다.

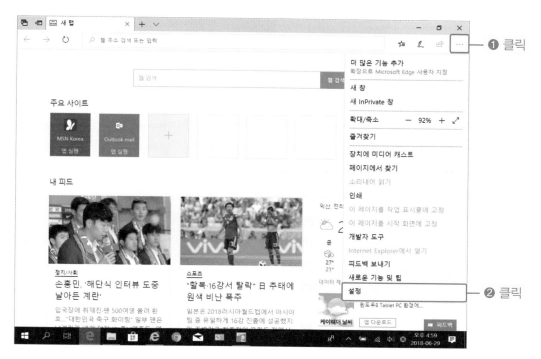

2 **[다음 프로그램으로 Microsoft Edge 열기]** 목록에서 **[특정 페이지]**를 선택합니다.

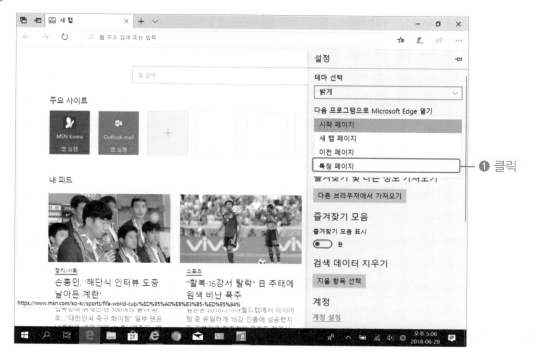

3 시작 페이지로 지정하고 싶은 사이트 주소를 입력한 후 [저장](🖫)을 클릭합니다. 여기에서도 **'네이버 (http://naver.com)'**를 시작 페이지로 지정해 보겠습니다.

4 MS 엣지 브라우저를 종료한 후 다시 실행하면 시작 페이지가 '네이버'로 지정된 것을 확인할 수 있습니다.

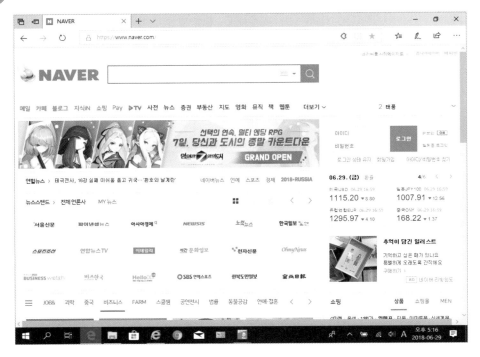

03 | 즐겨찾기 추가하기 ★

1 '구글 사이트(https://www.google.com)'에 접속한 후 현재 사이트를 즐겨찾기에 추가하기 위해 **[즐겨찾기 또는 읽기 목록에 추가](☆)**를 클릭합니다.

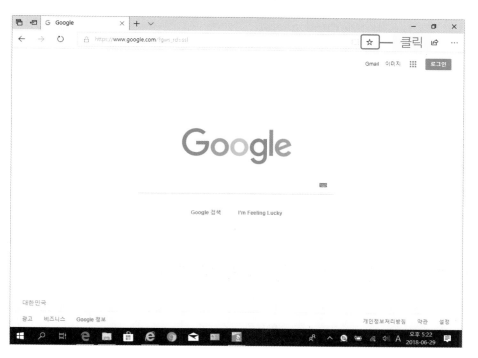

2 **'이름'**과 **'저장 위치'**를 지정한 후 **[추가]**를 클릭합니다.

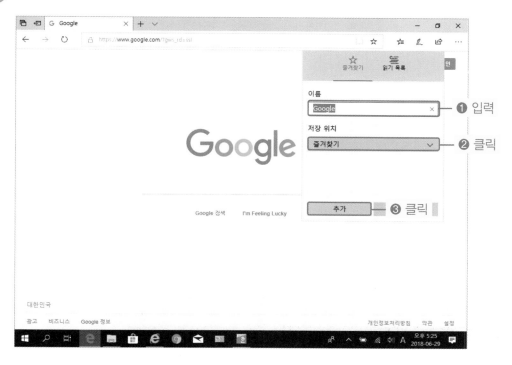

5 즐겨찾기에 추가하면 **[즐겨찾기 또는 읽기 목록에 추가](☆)** 단추가 노란색으로 변경됩니다. 즐겨찾기 목록을 확인하기 위해 **[허브](✰)**를 클릭합니다.

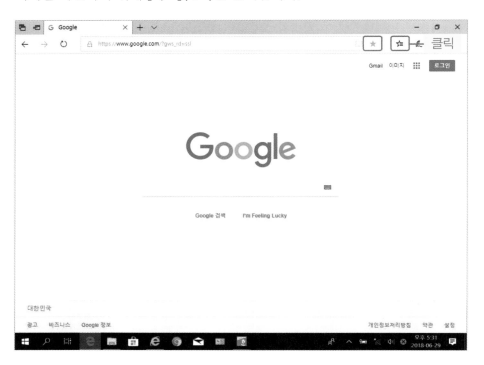

6 즐겨찾기 목록에 '구글(Google)'이 추가된 것을 확인할 수 있습니다.

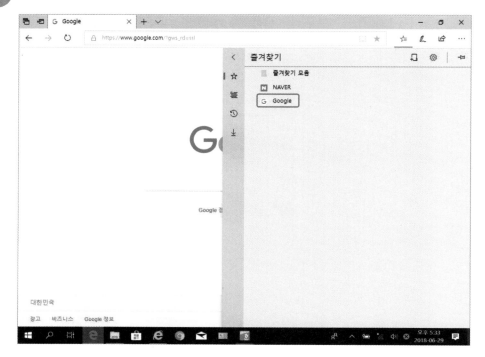

01 MS 엣지 브라우저의 주요 사이트에 '다음(http://www.daum.net)' 사이트를 추가한 후 새 탭을 열었을 때 '주요 사이트'가 표시되도록 해보세요.

02 다음 사이트에 접속한 후 즐겨찾기에 추가해 보세요.

Internet Explorer 11 브라우저 활용하기

S·e·c·t·i·o·n 14

이번 장에서는 Internet Explorer(인터넷 익스플로러)를 기본 브라우저로 지정하는 방법과 시작화면 및 작업 표시줄에 Internet Explorer(인터넷 익스플로러)를 고정하는 방법에 대해 알아보겠습니다.

01 기본 브라우저 지정하기 ★

1 인터넷 익스플로러를 기본 브라우저로 지정하기 위해 **[시작단추]**(⊞)를 클릭한 후 **[설정]**(⚙)을 클릭합니다.

2 **[Windows 설정]** 대화상자에서 **[앱]**(▤)을 클릭합니다.

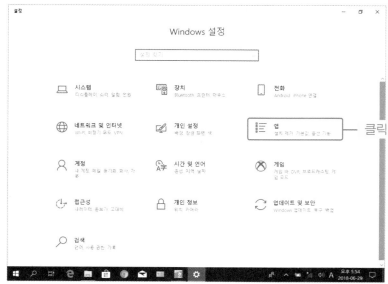

③ 앱 목록 중 **[기본 앱]**을 선택한 후 현재 기본 웹 브라우저로 설정되어 있는 **[Microsoft Edge]**를 클릭합니다.

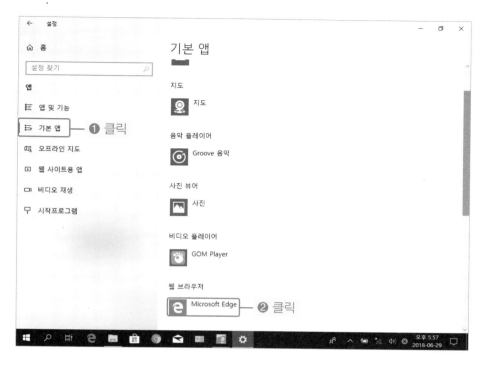

④ **[앱 선택]** 목록에서 **[Internet Explorer]**를 선택하면 인터넷 익스플로러가 기본 웹 브라우저로 지정됩니다.

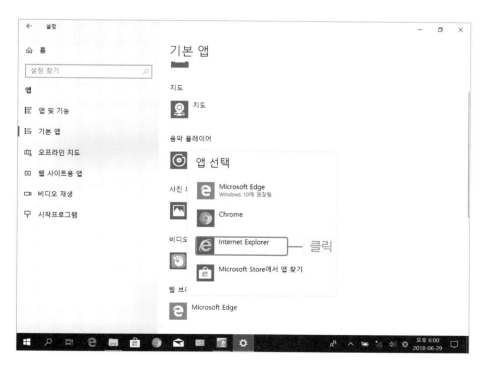

1 작업 표시줄의 [검색](🔎)을 클릭한 후 검색 창에 "internet"을 입력하여 검색결과에 "Internet Explorer"가 검색되면 마우스를 대고 오른쪽 단추를 클릭합니다.

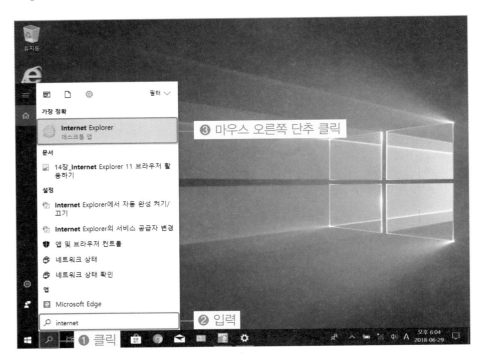

2 드롭다운 메뉴 중 [시작 화면에 고정]을 선택합니다.

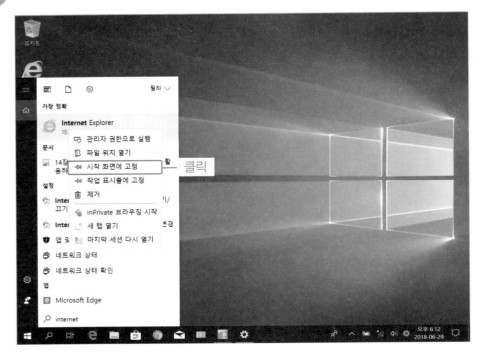

③ **[시작단추]**(⊞)를 클릭한 후 타일 목록의 스크롤을 맨 아래로 내리면 인터넷 익스플로러가 등록된 것을 확인할 수 있습니다.

④ 이번에는 인터넷 익스플로러를 작업 표시줄에 고정하기 위해 **[검색]**(🔍)을 클릭한 후 검색 창에 "**internet**"을 입력하여 "**Internet Explorer**"가 검색되면 마우스 오른쪽 단추를 클릭합니다.

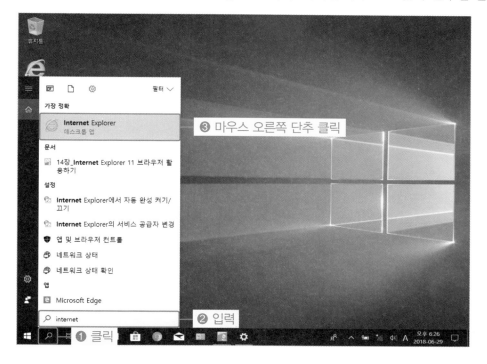

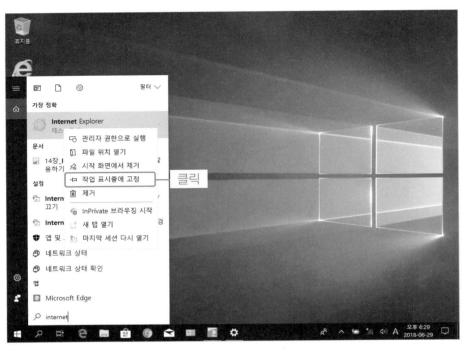 드롭다운 메뉴 중 **[작업 표시줄에 고정]**을 클릭합니다.

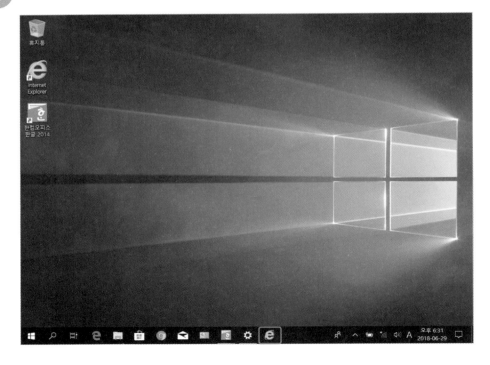 작업 표시줄에 인터넷 익스플로러가 고정된 것을 확인할 수 있습니다.

01 구글 '크롬(Chrome)'을 기본 웹 브라우저로 설정해 보세요.

02 구글 '크롬(Chrome)'을 시작 화면의 타일 목록에 고정해 보세요.

15 OneNote 앱 활용하기

S·e·c·t·i·o·n

이번 장에서는 Windows 10에서 기본으로 제공하고 있는 OneNote(원노트) 앱을 실행해보고 전자 필기장 만드는 방법과 섹션을 관리하는 방법에 대해 알아보겠습니다.

01 전자 필기장 만들기 ★

1 원노트 앱을 실행하기 위해 **[시작 단추]**(⊞)를 클릭한 후 타일 목록에서 **[OneNote]** 앱을 클릭합니다.

2 원노트 앱을 사용하기 위해 마이크로소프트 계정을 입력한 후 **[다음]**을 클릭하여 로그인합니다. 계정이 없다면 **'새로 만드세요.'**를 클릭합니다.

③ 원노트 앱이 실행되면 전자 필기장을 만들기 위해 **이전 버튼(〈)**을 클릭합니다.

④ 분할된 화면이 나오면 맨 왼쪽 아래의 **[공책]**을 클릭합니다.

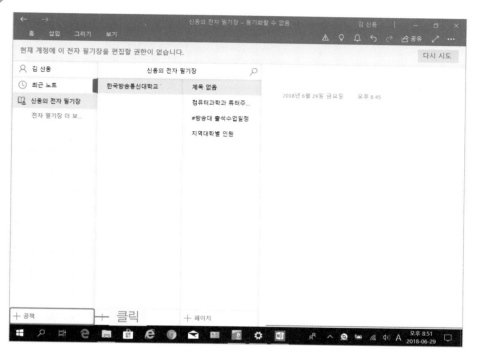

⑤ **[새 전자 필기장]** 대화상자에서 추가할 전자 필기장의 이름을 **"강의노트"**라고 입력한 후 **[전자 필기장 만들기]**를 클릭합니다.

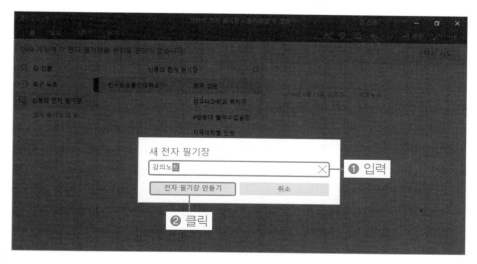

6 **'강의노트'**라는 제목으로 전자 필기장이 생성된 것을 확인할 수 있습니다.

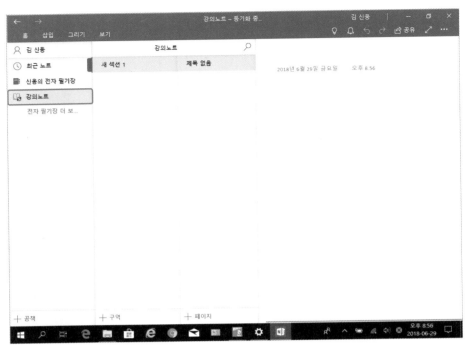

02 섹션 관리하기 ★

1 섹션을 추가하기 위해 **[구역]**을 클릭한 후 새로운 섹션이 생성되면 **"윈도우10"**이라고 입력합니다.

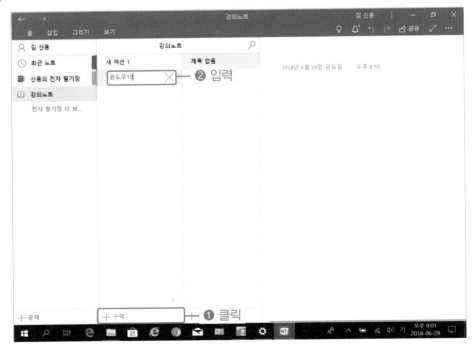

2 섹션을 삭제하려면 '**새 섹션 1**'에 마우스 오른쪽 단추를 클릭한 후 **[섹션 삭제]**를 클릭합니다.

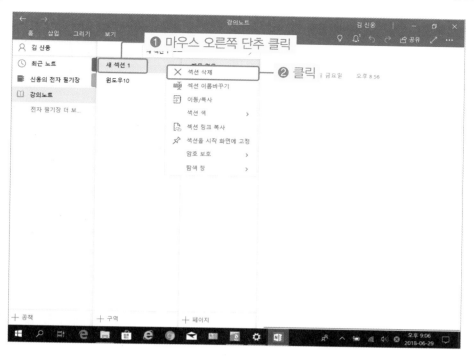

3 섹션의 이름을 변경하려면 섹션 이름에 마우스 오른쪽 단추를 클릭한 후 **[섹션 이름바꾸기]**를 클릭합니다.

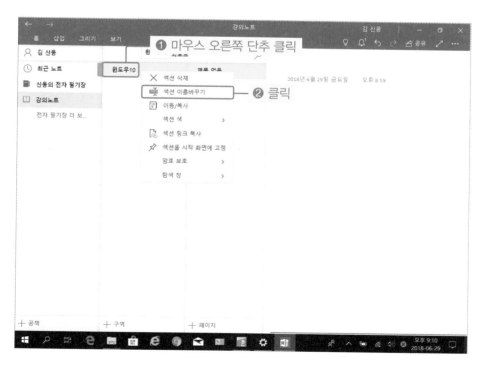

④ **"원도우10"**을 **"Windows 10"**으로 변경하고 **Enter** 를 누릅니다.

⑤ 페이지에 제목과 내용을 입력하기 위해 분할된 화면의 맨 오른쪽 영역을 클릭한 후 제목은 **"원노트 활용하기"**, 내용은 **"섹션 관리 Tip"**이라고 입력합니다.

⑥ **이전 버튼(<)**을 클릭해보면 강의노트는 **'전자 필기장'**, Windows 10은 **'섹션'**, 원노트 활용하기는 **'페이지'**로 구분되어있는 것을 확인할 수 있습니다.

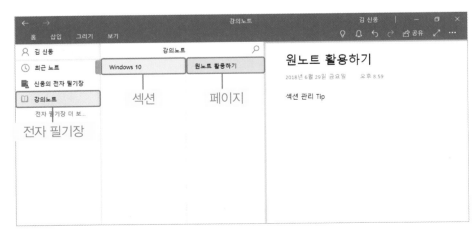

01 원노트 앱을 실행한 후 '가계부'라는 이름으로 전자 필기장을 만들어 보세요.

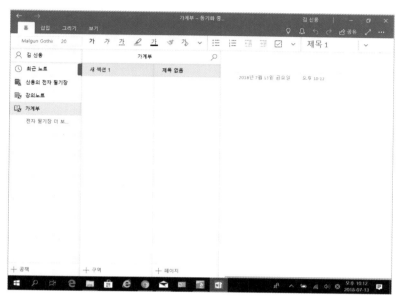

02 '가계부' 전자 필기장에 아래와 같이 섹션과 페이지를 추가해 보세요.

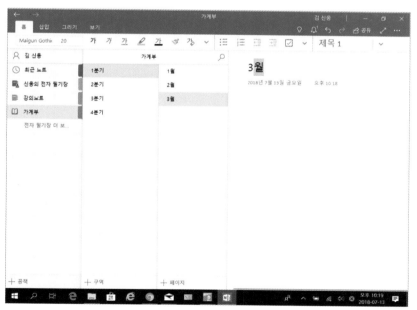

블로그 시작하기

S·e·c·t·i·o·n 16

이번 장에서는 블로그를 처음으로 사용하기 위해 네이버에 회원가입한 후 네이버 아이디로 블로그에 들어가는 방법에 대해 알아보겠습니다.

01 네이버 회원가입하기 ★

1 네이버 블로그를 사용하기 위해 네이버에 접속한 후 회원가입을 클릭합니다.

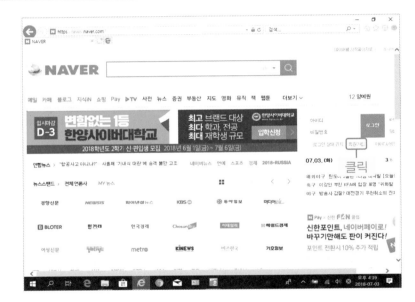

2 이용약관 및 개인정보 수집, 위치정보 등 필요한 항목만 체크한 후 [동의]를 클릭합니다.

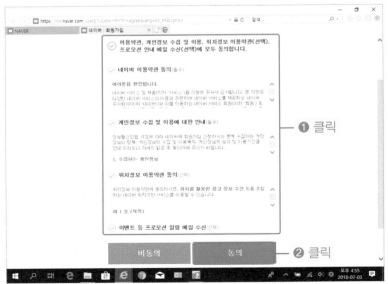

3 아이디, 비밀번호, 이름 및 생년월일을 입력합니다.

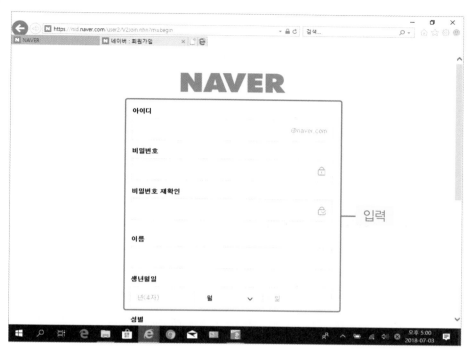

4 성별, 본인 확인 이메일, 휴대전화, 인증번호를 입력한 후 **[가입하기]**를 클릭합니다.

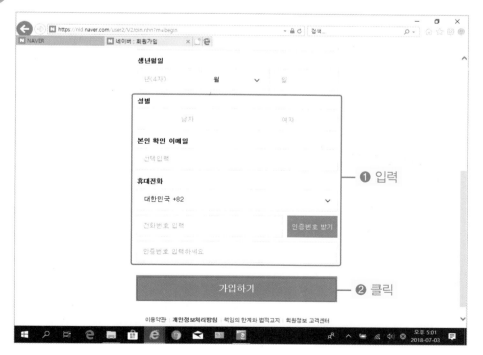

1 회원가입이 완료되면 내 블로그에 들어가기 위해 로그인한 후 **[블로그]**를 클릭합니다.

2 **[내 블로그]**를 클릭하여 블로그로 들어갑니다.

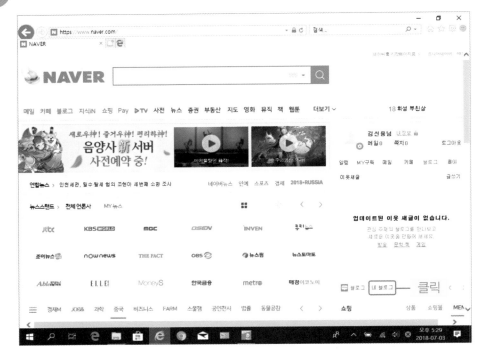

③ 처음 블로그에 들어갔을 때의 모습을 확인할 수 있습니다.

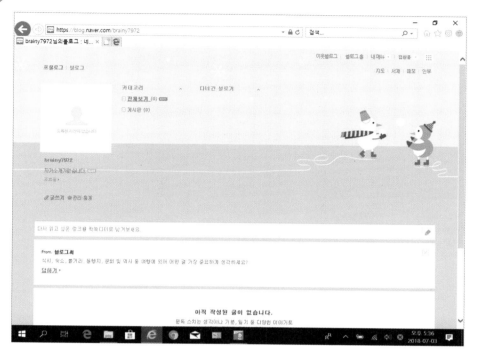

④ 다른 방법으로 내 블로그에 들어가려면 네이버 첫 화면에서 **[블로그]** 메뉴를 클릭합니다.

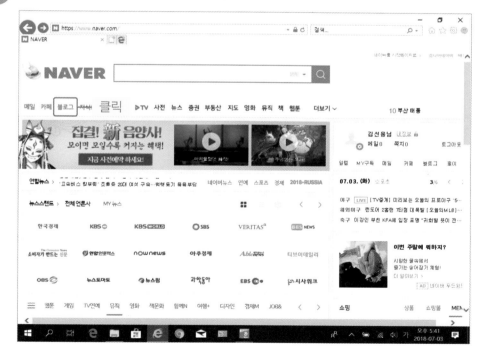

5 블로그 홈에서 우측의 **[내 블로그]**를 클릭합니다.

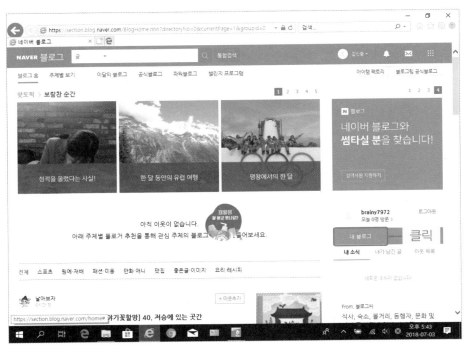

6 이전에 블로그에 들어갔을 때와 같은 페이지가 나타난 것을 확인할 수 있습니다.

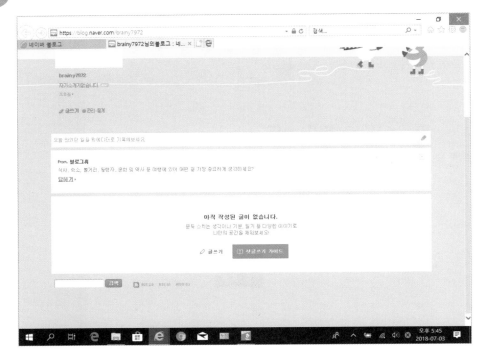

01 네이버(https://www.naver.com) 사이트에 접속한 후 회원가입해 보세요.

02 네이버 아이디로 자신의 블로그에 들어가 보세요.

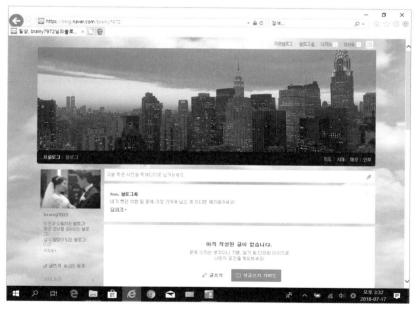

17 블로그 기본정보 설정하기

S·e·c·t·i·o·n

이번 장에서는 블로그의 기본정보를 관리하고 블로그 내에 카테고리를 만드는 방법에 대해 알아보겠습니다.

01 기본정보 관리하기 ★

1 내 블로그 화면에서 상단의 **[내 메뉴]**를 클릭한 후 **[관리]**를 선택합니다.

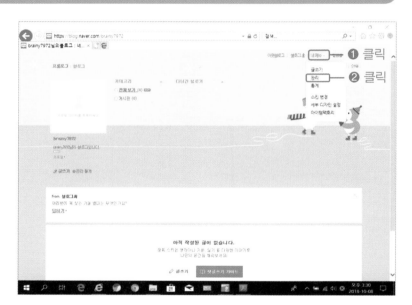

2 블로그 정보에서 **"제목"**, **"별명"**, **"소개글"**을 간단하게 입력합니다.

③ 블로그 프로필 사진을 등록하기 위해 **[등록]**을 클릭합니다.

④ **[이미지 첨부]** 대화상자가 열리면 **[찾아보기]**를 클릭합니다.

⑤ **[업로드할 파일 선택]** 대화상자에서 사진을 선택한 후 **[열기]**를 클릭합니다.

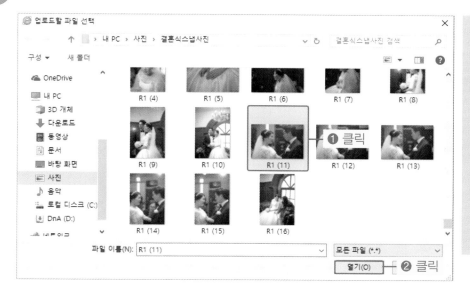

블로그는 개인 관심사에 맞게 자유롭게 자료를 올릴 수 있는 웹 사이트이지만 블로그에 게시하는 사진과 이미지, 글은 저작권이 허용된 것과 허용되지 않은 것들이 있습니다.

본 교재에 사용된 이미지들은 저자의 개인 사진들이므로 예제 이미지를 제공하지 않습니다. 블로그를 개설하여 게시하는 자료들은 사용자의 개인 컴퓨터에 사용된 이미지로 사용해 주시길 바랍니다.

6 [**이미지 첨부**] 대화상자가 다시 열리면 [**확인**]을 클릭합니다.

7 [**블로그 프로필 사진**]에 사진이 등록된 것을 확인한 후 [**확인**]을 클릭합니다.

8 내 블로그 홈으로 돌아가서 프로필 사진이 제대로 적용되었는지 확인합니다.

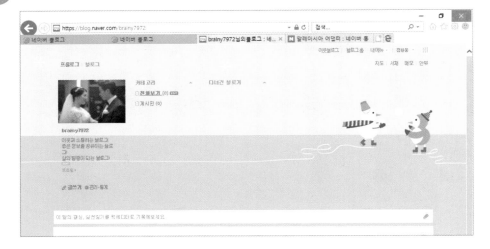

1 블로그에 카테고리를 만들려면 카테고리 영역의 **[EDIT]**를 클릭합니다.

2 **[카테고리 추가]**를 클릭하여 카테고리명을 입력합니다.

③ 불필요한 게시판을 삭제하려면 삭제하려는 게시판을 선택하고 **[삭제]**를 클릭한 후 **[확인]**을 클릭합니다.

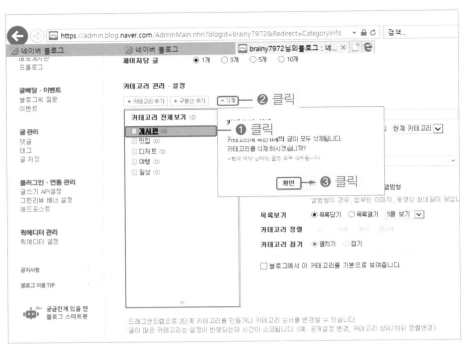

④ **'일상'**을 기본 카테고리로 지정하려면 **'일상'**을 선택하고 **'블로그에서 이 카테고리를 기본으로 보여줍니다'** 항목에 체크한 후 **[확인]**을 클릭합니다.

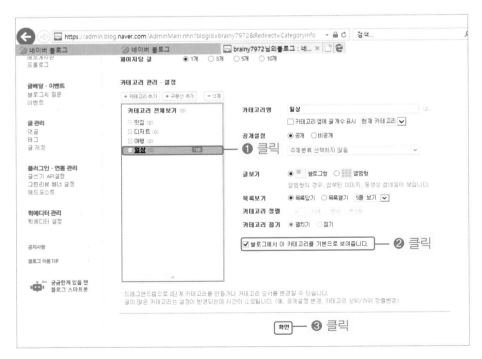

01 네이버 블로그에 자신의 프로필 사진을 등록해 보세요.

02 네이버 블로그에 아래와 같이 카테고리를 만들어 보세요.

카테고리명 : 맛집 / 디저트 / 여행 / 일상

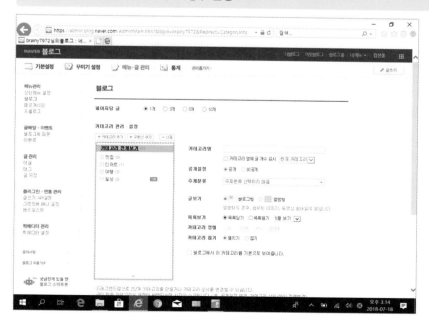

18
S·e·c·t·i·o·n

블로그 레이아웃과
위젯 설정하기

이번 장에서는 블로그의 레이아웃을 다양하게 설정하는 방법과 달력, 지도, 카운터 등과 같이 편리하게 사용할 수 있는 위젯을 설정하는 방법에 대해 알아보겠습니다.

01 레이아웃 설정하기 ★

1 블로그에 레이아웃을 설정하기 위해 프로필 영역 아래에 위치한 **[관리]**를 클릭합니다.

2 **[꾸미기 설정]** 테마의 **[디자인 설정]** 항목 중 **[레이아웃 · 위젯 설정]**을 선택합니다.

3 현재 설정되어 있는 레이아웃이 나타난 것을 확인할 수 있습니다.

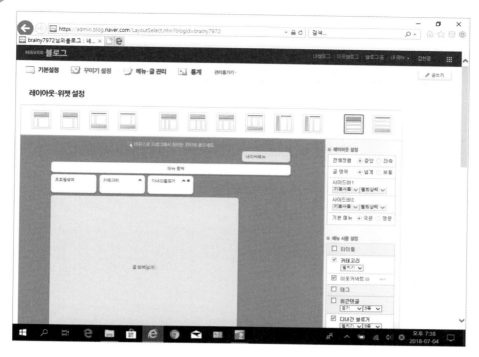

4 다른 레이아웃으로 변경하기 위해 첫 번째 레이아웃을 선택한 후 레이아웃 변경과 관련한 메시지 창이
나오면 **[확인]**을 클릭합니다.

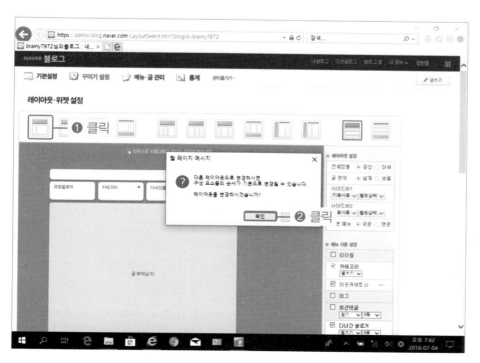

5 선택한 레이아웃이 마음에 들면 마우스를 이용하여 스크롤을 맨 아래로 내립니다.

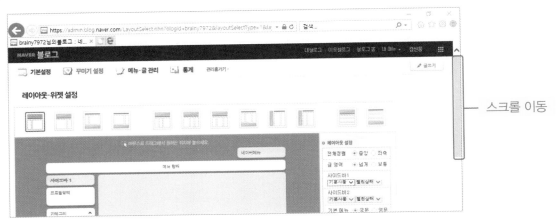

스크롤 이동

6 선택한 레이아웃을 블로그에 반영하기 위해 **[적용]**을 클릭합니다. 레이아웃을 블로그에 적용하겠냐는 메시지 창이 나오면 **[확인]**을 클릭합니다.

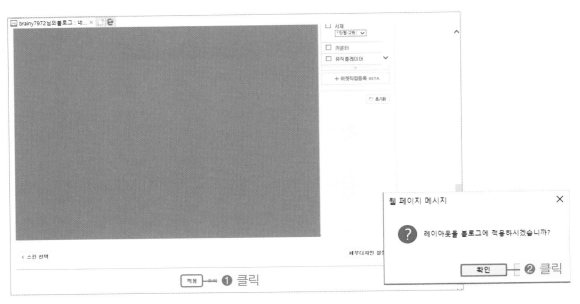

7 블로그에 레이아웃이 제대로 적용되었는지 확인합니다.

1 블로그에 위젯을 설정하기 위해 프로필 영역 아래의 **[관리]**를 클릭합니다.

2 **[꾸미기 설정]** 테마의 **[디자인 설정]** 항목 중 **[레이아웃 · 위젯 설정]**을 선택합니다.

③ 스크롤을 아래로 내린 후 **[위젯 사용 설정]** 항목에서 **'달력'**, **'지도'**, **'카운터'**에 체크합니다.

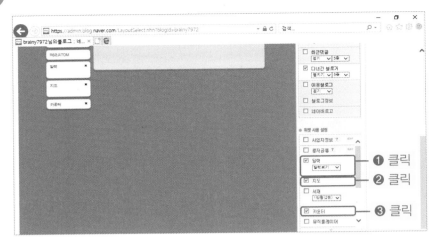

④ 위젯을 적용하기 위해 스크롤을 맨 아래로 내린 후 **[적용]**을 클릭합니다. 레이아웃을 블로그에 적용하겠
냐는 메시지 창이 나오면 **[확인]**을 클릭합니다.

⑤ 블로그에 위젯이 제대로 적용되었는지 확인합니다.

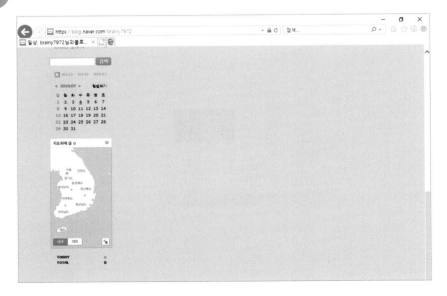

셀프 테스트

01 네이버 블로그의 레이아웃을 아래와 같이 설정해 보세요.

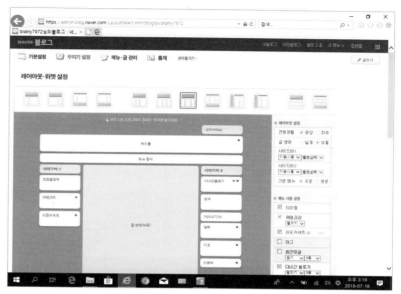

02 네이버 블로그에 아래와 같이 '달력', '지도', '카운터' 위젯을 설정해 보세요.

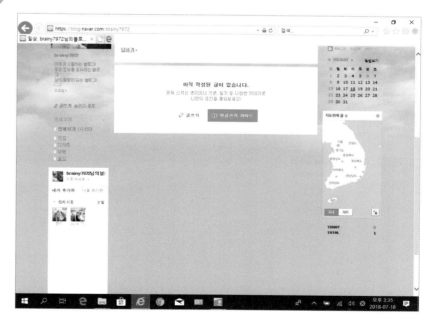

19 Section

리모컨으로 세부 디자인 설정하기

이번 장에서는 블로그의 스킨 배경과 타이틀 및 메뉴 디자인을 설정하는 방법에 대해 알아보겠습니다.

01 스킨 배경 설정하기 ★

1 블로그의 스킨 배경을 설정하기 위해 **[내 메뉴]**의 **[세부 디자인 설정]**을 클릭합니다.

2 상단 우측에 리모콘이 나타나면 마음에 드는 스킨 배경을 선택할 수 있습니다. 여기에서는 첫 번째 디자인을 선택해보겠습니다.

• 스타일 : 네이버 블로그에서 기본으로 제공하는 디자인을 배경으로 꾸밀 수 있습니다.
• 컬러 : 한 가지 색상만을 배경으로 꾸밀 수 있습니다.
• 직접등록 : 파일 첨부를 이용하여 사용자의 이미지 파일을 배경으로 꾸밀 수 있습니다.

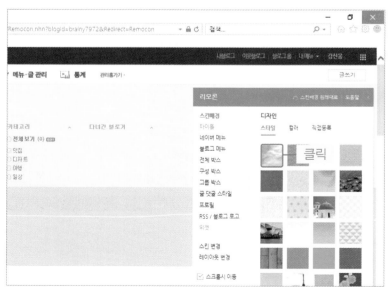

③ 선택한 디자인을 미리보기로 확인하고 **[적용]**을 클릭한 후 세부 디자인 적용에 관한 메시지 창이 나오면 **[적용]**을 클릭합니다.

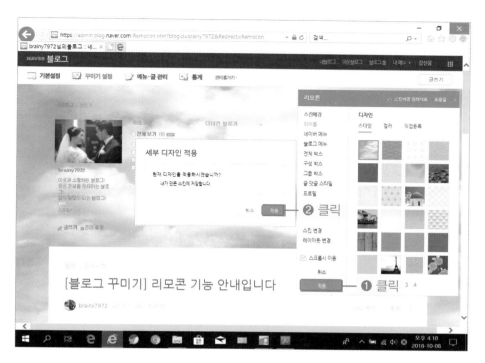

④ 블로그에 스킨 배경이 제대로 적용되었는지 확인합니다.

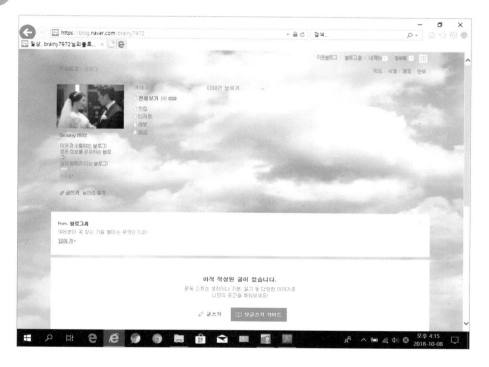

02 타이틀 디자인 설정하기 ★

1 블로그에 타이틀 디자인을 설정하기 위해 좌측 프로필 영역 아래의 **[관리]**를 선택합니다.

2 **[꾸미기 설정]** 테마의 **[디자인 설정]** 항목 중 **[레이아웃 · 위젯 설정]**을 선택합니다.

③ 레이아웃 · 위젯 설정에서 우측의 **'타이틀'**에 체크합니다.

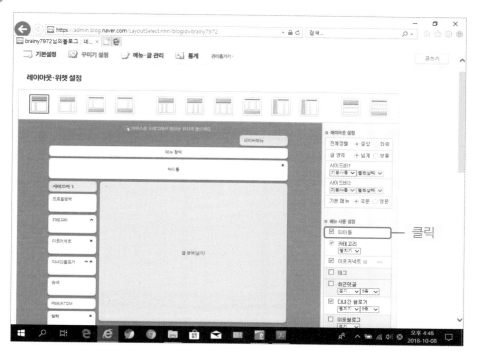

④ 스크롤을 맨 아래에 이동한 후 [**적용**]을 클릭한 다음 레이아웃을 블로그에 적용하겠냐는 메시지 창이 나오면 [**확인**]을 클릭합니다.

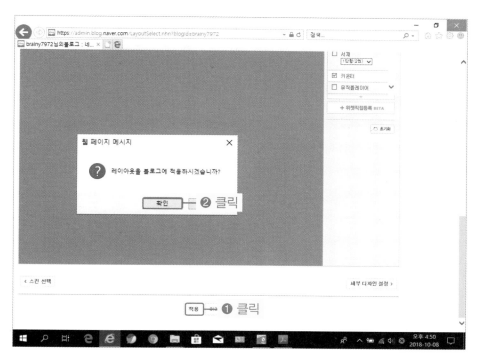

⑤ 블로그 상단의 [내 메뉴] 항목 중 [세부 디자인 설정]을 선택합니다.

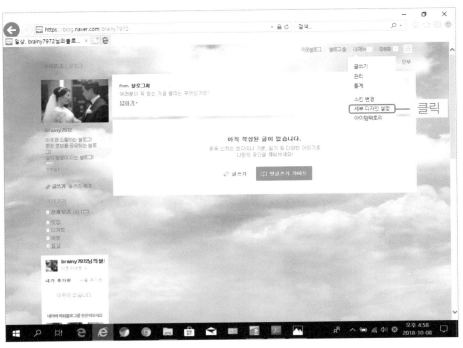

⑥ 리모콘이 나타나면 [타이틀]을 선택하고, 네 번째 이미지를 선택한 후 [적용]을 클릭합니다. 세부 디자인 적용에 관한 메시지 창이 나오면 [적용]을 클릭합니다.

⑦ 타이틀 디자인이 제대로 적용되었는지 확인합니다.

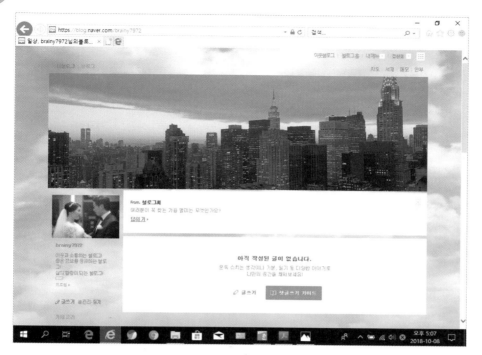

03 메뉴 디자인 설정하기 ★

① 블로그에 메뉴 디자인을 설정하기 위해 **[내 메뉴]**의 **[세부 디자인 설정]**을 선택합니다.

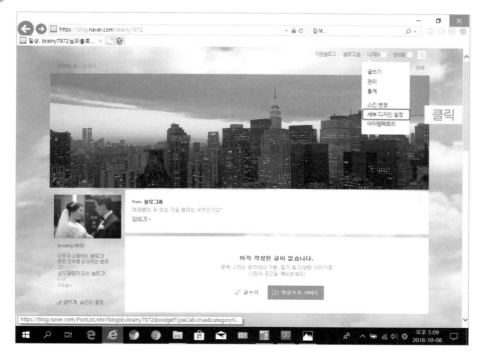

② 리모콘이 나타나면 [블로그 메뉴]를 선택한 후 다섯 번째 디자인을 선택한 다음 [적용]을 클릭합니다. 세
부 디자인 적용에 관한 메시지 창이 나오면 [적용]을 클릭합니다.

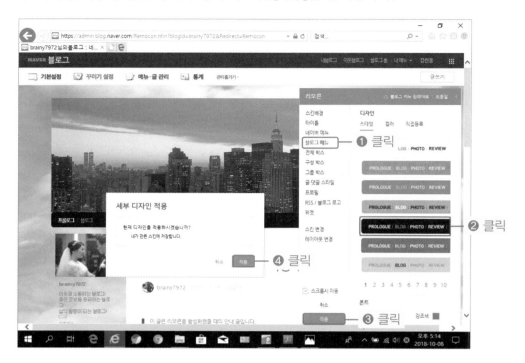

③ 블로그에 메뉴 디자인이 제대로 적용되었는지 확인합니다.

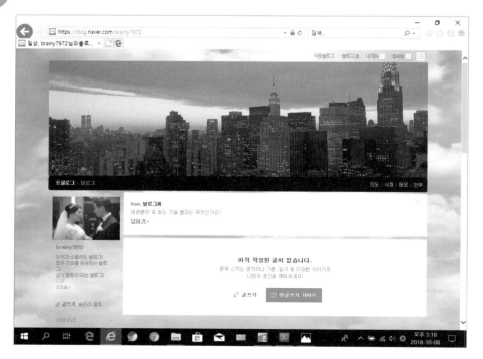

01 네이버 블로그의 스킨배경을 아래와 같이 설정해 보세요.

02 네이버 블로그의 타이틀 디자인을 아래와 같이 설정해 보세요.

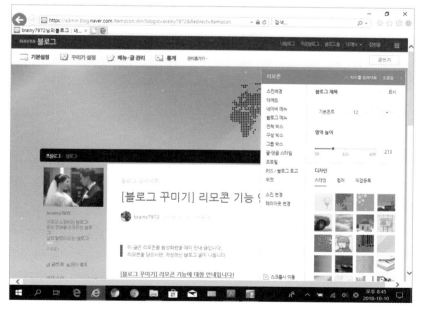

20 Section

포스트 쓰기 및
이웃 블로그 방문하기

이번 장에서는 내 블로그에 포스트를 쓰는 방법과 이웃 블로그를 방문하여 댓글을 달거나 공감하는 방법, 이웃 추가하는 방법에 대해 알아보겠습니다.

01 포스트 쓰기 ★

1 블로그에 포스트를 쓰기 위해 **[글쓰기]**를 클릭합니다.

2 포스트의 제목과 내용을 입력합니다.

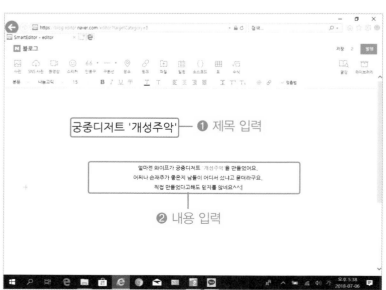

③ 사진을 첨부하기 위해 **[글쓰기 도구]**에서 **[사진]**을 선택한 후 **[업로드할 파일 선택]**에서 사진 파일을 선택하고 **[열기]**를 클릭합니다.

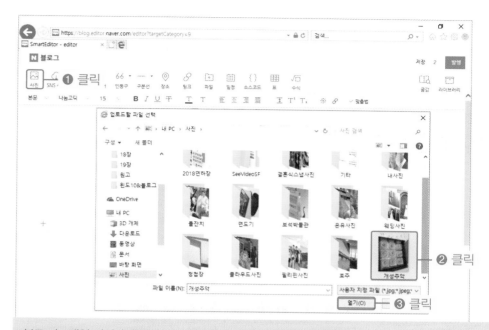

블로그는 개인 관심사에 맞게 자유롭게 자료를 올릴 수 있는 웹 사이트이지만 블로그에 게시하는 사진과 이미지, 글은 저작권이 허용된 것과 허용되지 않은 것들이 있습니다.

본 교재에 사용된 이미지들은 저자의 개인 사진들이므로 예제 이미지를 제공하지 않습니다. 블로그를 개설하여 게시하는 자료들은 사용자의 개인 컴퓨터에 사용된 이미지로 사용해 주시길 바랍니다.

④ 사진이 제대로 첨부되었는지 확인합니다.

⑤ **[발행]**을 클릭합니다.

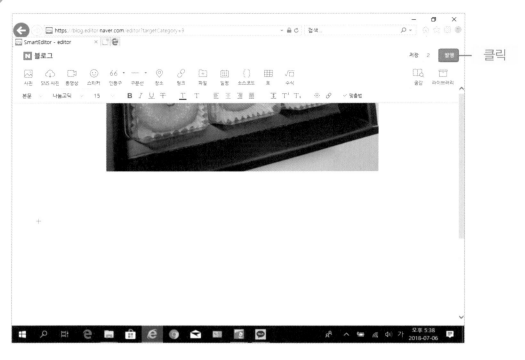

⑥ 카테고리를 지정한 후 **'공개범위', '댓글/공감/검색허용', '블로그/카페 공유', '외부 공유 허용', '기본값 유지', '태그', '공지사항으로 등록'** 등 원하는 조건을 설정한 다음 **[발행하기]**를 클릭합니다.

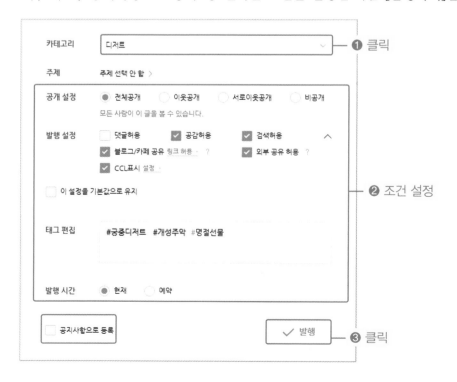

7 블로그에 포스트가 제대로 반영되었는지 확인합니다.

8 포스트를 수정하거나 삭제하려면 스크롤을 아래로 내린 후 **[수정]** 또는 **[삭제]**를 클릭합니다.

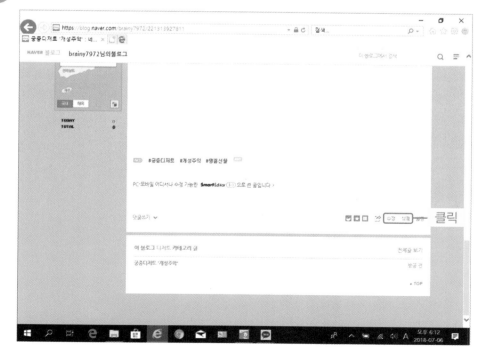

02 이웃 블로그 방문하기

1 이웃 블로그를 방문하기 위해 이웃 커넥트에 추가된 이웃을 클릭합니다.

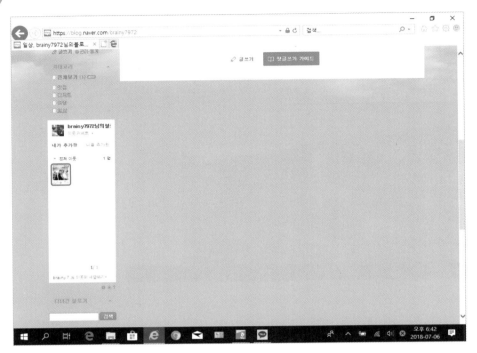

2 이웃 블로그에 방문하여 이웃의 포스트를 확인합니다.

③ 댓글을 달기 위해 **[댓글쓰기]**를 클릭한 후 댓글을 입력한 다음 **[등록]**을 클릭합니다.

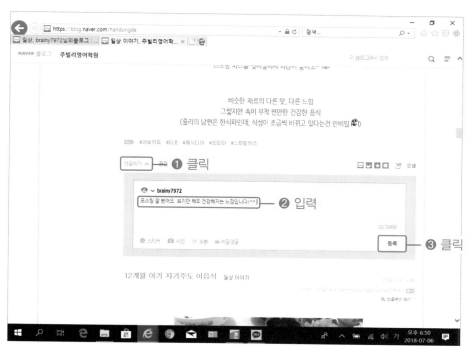

④ 댓글이 제대로 적용되었는지 확인합니다.

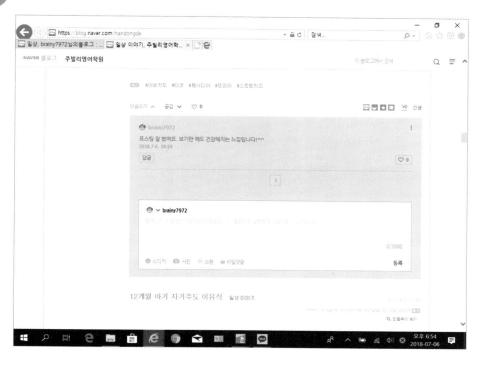

5 포스트에 **'공감'** 또는 **'좋아요'**를 보내려면 하트를 클릭합니다.

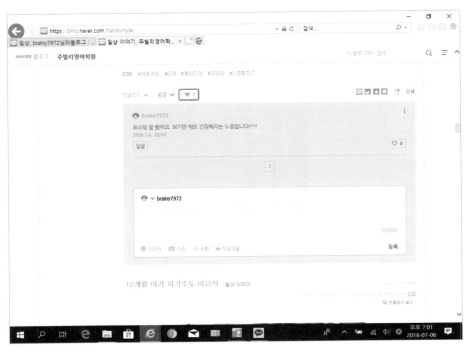

6 관심 있는 블로그를 방문하여 이웃으로 추가하려면 프로필 영역 아래의 **[이웃추가]**를 클릭합니다.

7 이웃으로 추가하기 위해 **[이웃]**을 선택한 후 **[다음]**을 클릭합니다. 서로이웃은 상대방이 동의해야만 맺어집니다.

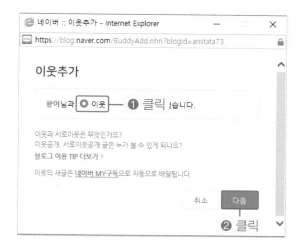

8 추가할 그룹을 선택한 후 **[다음]**을 클릭합니다. 이웃 추가가 완료되면 **[닫기]**를 클릭합니다.

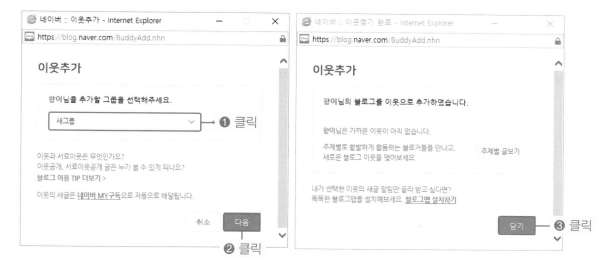

9 내 블로그로 돌아와서 이웃 커넥트를 확인해보면 방금 이웃으로 추가한 블로그가 나타난 것을 확인할 수 있습니다.

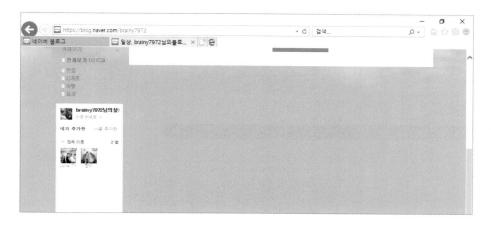

01 네이버 블로그에 일상 글이나 관심주제로 포스트를 작성해 보세요.

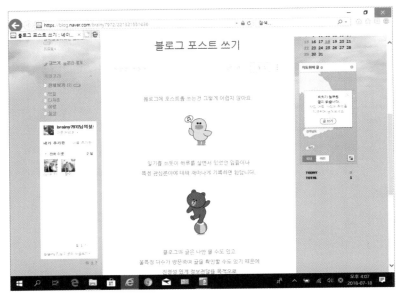

02 이웃 블로그에 방문하여 포스트를 확인한 후 댓글을 남겨 보세요.

HANGUL 2014 한글

교재에서 사용하는
실습파일 및 완성파일은
교학사 홈페이지
www.kyohak.co.kr
[컴퓨터/기술/수험서]
자료실에서 다운로드하여
사용하세요

01 한글 2014 시작하기

S·e·c·t·i·o·n

한글 2014는 기존의 버전과는 다른 사용자 인터페이스 및 편집 기능이 개선되어 보다 간편하게 문서를 작성하고 편집할 수 있습니다. 지금부터 새로운 한글 2014 프로그램의 시작과 종료하는 방법을 알아보고, 화면 구성 및 암호 설정하는 방법에 대해 알아보겠습니다.

01 한글 2014 시작과 종료하기 ★

1 PC 바탕화면에서 **'한컴오피스 한글 2014'** 아이콘을 더블클릭하여 한글 2014 프로그램을 시작합니다.

2 한글 2014 프로그램을 종료하려면 **[파일] 탭-[끝]**을 클릭하거나 문서 창의 **닫기(×) 버튼**을 클릭하여 종료합니다.

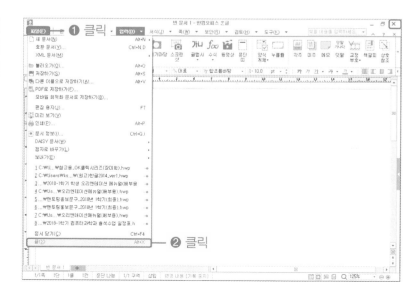

한글 2014의 화면은 매우 다양한 요소들로 구성되어 있습니다. 아래의 그림을 통해 한글 2014의 여러 가지 기능들을 알아보겠습니다.

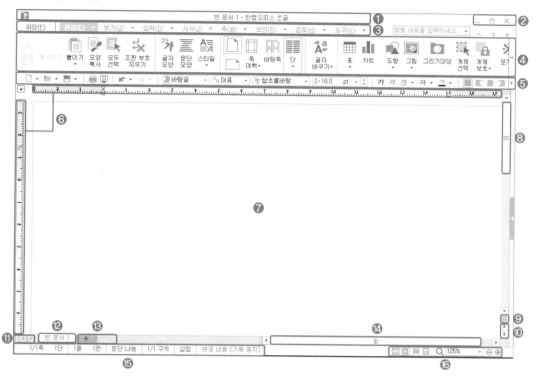

이름	설명	이름	설명
❶ 제목표시줄	프로그램 이름과 파일명, 창 조절 버튼 등으로 구성	❾ 보기 선택 아이콘	쪽윤곽, 문단부호, 조판부호, 투명선, 격자설정, 찾기 등 보기 관련 기능 선택
❷ 창 조절 버튼	창의 크기를 조절하거나 이동, 프로그램 종료 시 사용	❿ 쪽 이동 아이콘	작성 중인 문서가 여러 장일 때 쪽 단위로 이동하기 위해 사용
❸ 메뉴표시줄	프로그램에서 사용하는 메뉴를 비슷한 기능별로 묶어놓은 곳	⓫ 탭 이동 아이콘	여러 개의 탭이 열려있을 때 이전 탭/다음 탭으로 이동
❹ 기본도구상자	각 메뉴에서 자주 사용하는 기능을 그룹별로 묶어놓은 곳	⓬ 문서 탭	작성 중인 문서와 파일명을 표시
❺ 서식도구상자	문서 편집 시 자주 사용하는 기능을 모아 아이콘으로 묶어놓은 곳	⓭ 새 탭 삽입 아이콘	문서에 새 탭을 추가
❻ 가로/세로눈금자	개체의 너비 또는 높이를 파악하기 위해 사용	⓮ 가로 이동 막대	문서 내용이 편집화면보다 클 때 화면을 가로로 이동하기 위해 사용
❼ 편집창	내용 입력 및 편집을 위한 작업 공간	⓯ 상황 표시줄	편집창의 상태 및 커서가 위치한 곳에 대한 정보를 표시
❽ 세로 이동 막대	문서 내용이 편집화면보다 클 때 화면을 세로로 이동하기 위해 사용	⓰ 편집창 표시줄	편집창을 인쇄할 모양으로 변경하거나 확대/축소하기 위해 사용

1 문서에 암호를 설정하기 위해 [보안] 탭의 내림단추(▼)를 클릭하여 [문서 암호 설정]을 선택합니다.

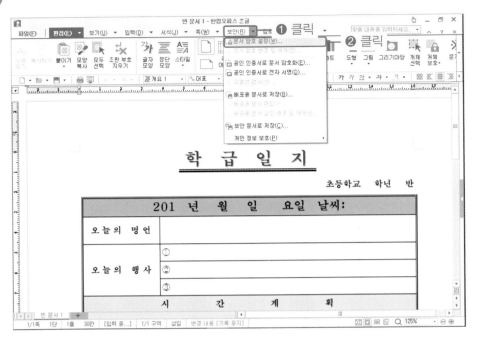

2 [문서 암호 설정] 대화상자에서 암호를 두 번 입력한 후 [설정]을 클릭하여 암호를 설정합니다.

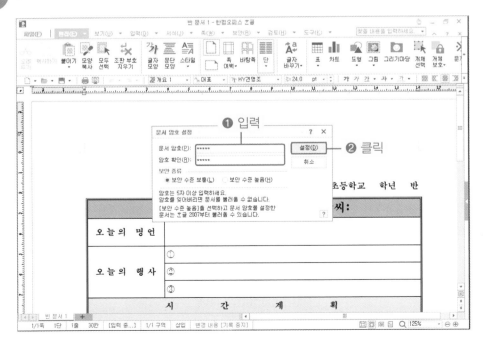

01 한글 2014 프로그램을 실행한 후 아래의 내용으로 문서를 작성해 보세요.

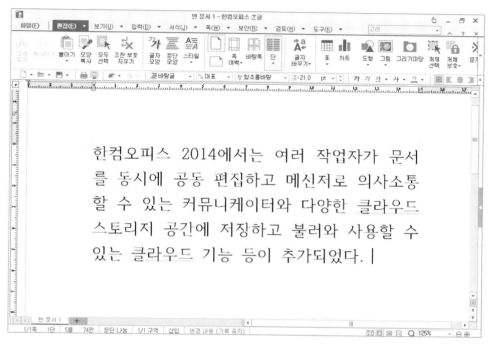

02 작성한 문서에 암호는 '1234', 파일명은 '한글2014'로 저장해 보세요.

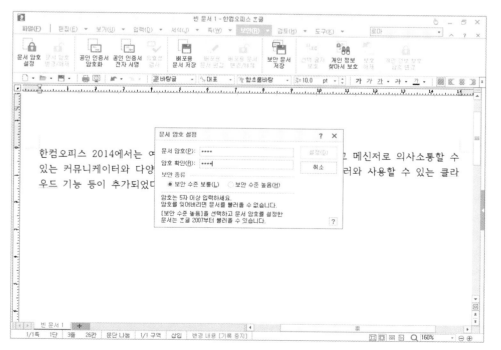

한자 및 특수문자 입력하기

S·e·c·t·i·o·n

이번 장에서는 문서 작성의 기본인 다양한 문자를 입력하는 방법에 대해 알아보기 위해 한글을 한자로 변환하거나 특수문자를 입력하는 방법, 글자를 겹치는 방법에 대해 알아보겠습니다.

01 한글을 한자로 변환하기

· 준비파일 : 이론)실습파일)2장_실습파일.hwp
· 완성파일 : 이론)완성파일)2장_완성파일.hwp ★

1 준비파일을 연 후 한글을 한자로 변환하기 위해 커서를 '**교육**'이라는 단어의 뒤로 옮기고 를 누릅니다.

TIP

한글을 한자로 변환하는 방법 3가지!
① 키보드의 [한자] 입력
② [입력]─[한자 입력]─[한자로 바꾸기]
③ 단축키 F9

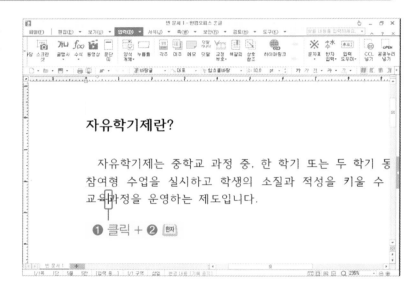

2 [**한자로 바꾸기**] 대화상자에서 '**교육**'에 해당하는 한자를 선택한 후 [**바꾸기**]를 클릭합니다.

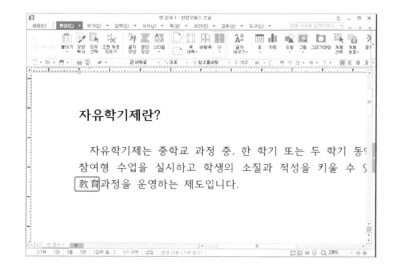

02 특수문자 입력하기

1 특수문자를 입력할 첫 줄 맨 앞에 커서를 옮긴 후 **[편집] 탭-[문자표]**의 내림단추(▼)를 클릭하여 **[문자표]**를 선택하거나 단축키 **Ctrl** + **F10** 을 누릅니다.

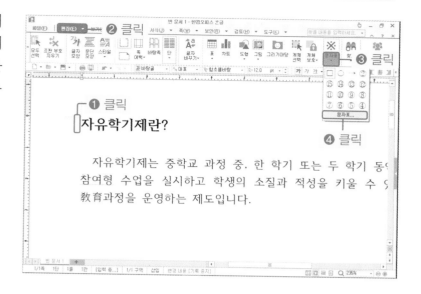

2 **[문자표 입력]** 대화상자가 열리면 입력하고자 하는 특수문자를 선택하고 **[넣기]**를 클릭합니다.

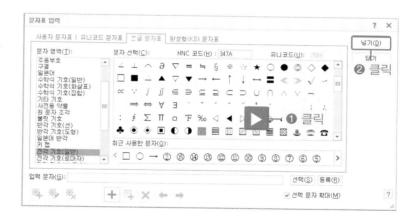

3 입력하고자 하는 특수문자가 제대로 삽입되었는지 확인합니다.

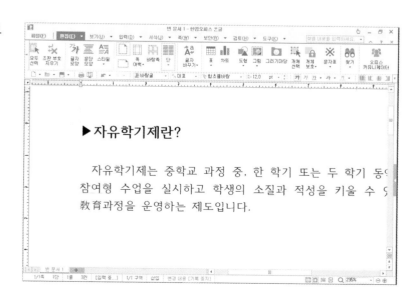

1 글자를 겹치기 위해 문단 첫 줄 맨 앞에 커서를 옮긴 후 **[입력] 탭**의 내림단추(▾)를 클릭하여 **[글자 겹치기]**를 선택합니다.

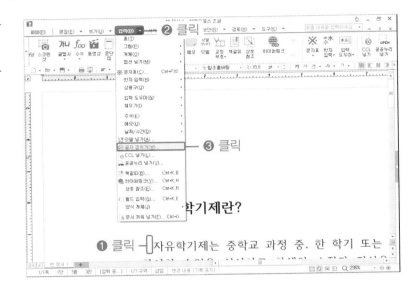

2 **[글자 겹치기]** 대화상자에서 **겹쳐 쓸 글자**에 **"가"**를 입력하고 **모양과 겹치기** 항목에서 '사각형 문자'를 선택한 후 **[넣기]** 버튼을 클릭합니다.

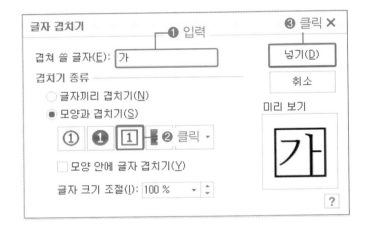

3 글자 겹치기가 제대로 반영되었는지 확인합니다.

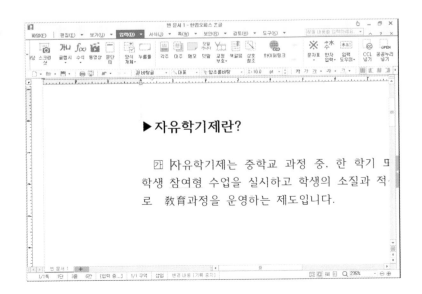

• 준비파일 : 셀프테스트〉실습파일〉2장_실습파일.hwp
• 완성파일 : 셀프테스트〉완성파일〉2장_완성파일.hwp

01 준비파일을 불러온 후 [한자] 또는 [F9]를 이용하여 아래와 같이 한글을 한자로 변환하고, 문자표를 이용하여 아래와 같이 특수문자를 입력해 보세요.

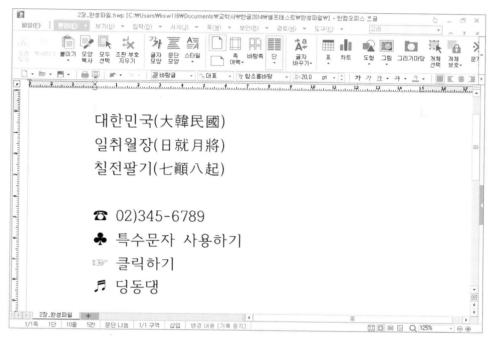

02 [글자 겹치기]의 [글자끼리 겹치기]와 [모양과 겹치기]를 이용하여 아래와 같이 입력해 보세요.

글자 모양 바꾸기

S·e·c·t·i·o·n

이번 장에서는 입력한 내용에 다양한 글자 모양 및 장평/자간을 지정하는 방법에 대해 알아보고, 모양을 간편하게 바꿀 수 있는 모양 복사하기에 대해 알아보겠습니다.

01 글자 모양 바꾸기

• 준비파일 : 이론)실습파일)3장_실습파일.hwp
• 완성파일 : 이론)완성파일)3장_완성파일.hwp ★

1 준비파일을 연 후 글자 모양을 바꾸기 위해 제목 부분을 드래그하여 블록으로 지정합니다.

2 [편집] 탭-[글자 모양]을 선택하거나 단축키 **Alt** + **L** 을 눌러서 [글자 모양] 대화상자를 엽니다.

③ 글자 크기(기준 크기)는 '**14**', 글꼴은 '**맑은 고딕**', 속성은 '**진하게**', 글자 색은 '**바다색**', 음영 색은 '**연한 올리브색**'으로 바꾸고 [**설정**]을 클릭합니다.

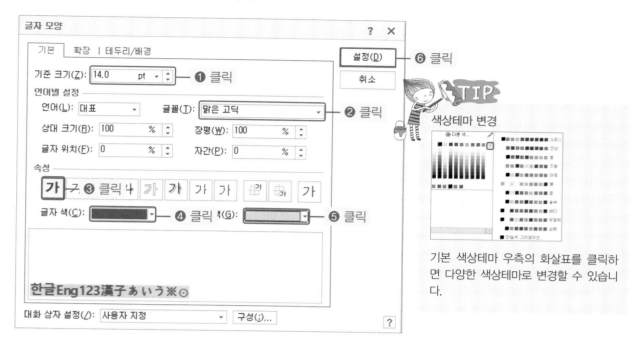

기본 색상테마 우측의 화살표를 클릭하면 다양한 색상테마로 변경할 수 있습니다.

④ 제목 부분의 글자 모양이 제대로 변경되었는지 확인합니다.

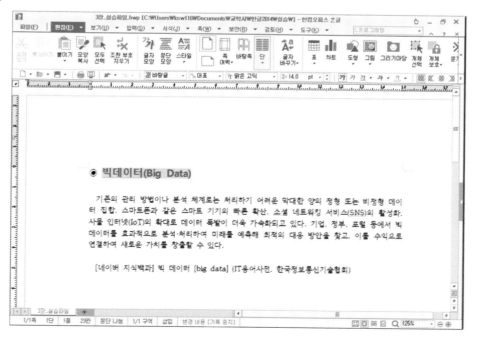

1 제목 부분에 장평과 자간을 설정하기 위해 드래그한 다음 **[편집] 탭-[글자 모양]** 또는 단축키 **Alt** + **L** 을 누릅니다.

2 **[글자 모양]** 대화상자가 열리면 **장평**은 "150", **자간**은 "20"으로 입력하고 **[설정]**을 클릭합니다.

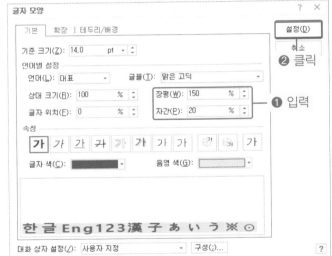

3 제목 부분에 장평과 자간이 제대로 설정되었는지 확인합니다.

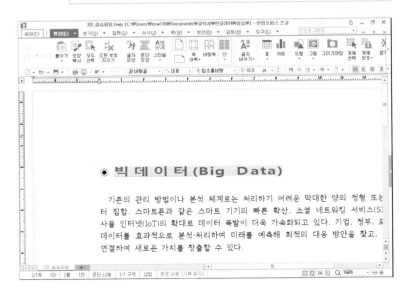

1 여러 설정 값이 적용된 글자 모양을 다른 단어에도 똑같이 적용하기 위해 제목 부분에 커서를 위치합니다.

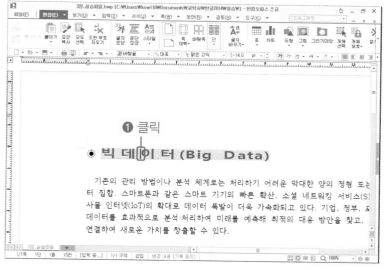

2 **[편집] 탭-[모양 복사](** ![아이콘]**) 또는 단축키** **Alt** + **C** 를 누른 후 **[모양 복사]** 대화상자가 열리면 **본문 모양 복사**에서 **[글자 모양]**을 선택하고 **[복사]**를 클릭합니다.

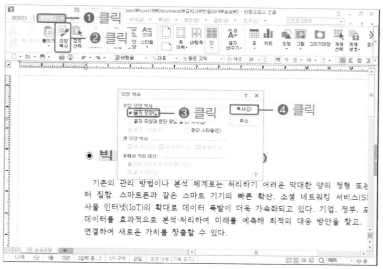

3 **'스마트폰'** 단어를 드래그한 후 **[모양 복사](** ![아이콘]**) 또는 단축키** **Alt** + **C** 를 눌러서 제목 부분과 글자 모양이 동일하게 적용되었는지 확인합니다.

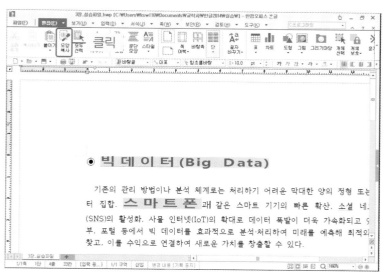

셀프 테스트

01 아래의 내용을 입력한 후 글꼴은 '견고딕', 크기는 '20', 글자 색은 '바다색', 글자 속성은 '그림자'를 지정해 보세요.

02 아래와 같이 내용을 입력한 후 장평은 '80', 자간은 '50'으로 지정해 보세요.

• 완성파일 : 셀프테스트〉완성파일〉3장_완성파일.hwp

03 아래와 같이 내용을 입력한 후 첫 번째 단어를 조건에 맞게 설정한 후 모양 복사 기능을 이용하여 나머지 단어에도 적용해 보세요.

글꼴 : '휴먼모음T', 크기 : '20', '진하게', 글자 색 : '루비색', 음영 색 : '연한 올리브색'

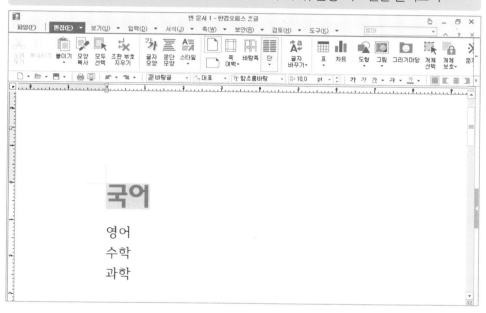

04 아래와 같이 내용을 입력한 후 첫 번째 단어를 조건에 맞게 설정한 후 모양 복사 기능을 이용하여 나머지 단어에도 적용해 보세요.

글꼴 : 맑은 고딕, 크기 : 16, 장평 : 110, 자간 : −5

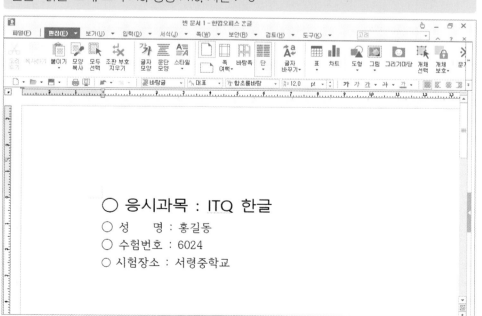

04
S·e·c·t·i·o·n

문단 모양 바꾸기

이번 장에서는 작성된 문서에 문단 정렬과 여백을 지정하는 방법, 들여쓰기 및 내어쓰기 지정하는 방법, 줄 간격을 지정하는 방법에 대해 알아보겠습니다.

01 문단 정렬 및 여백 지정하기

• 준비파일 : 이론)실습파일)4장_실습파일.hwp
• 완성파일 : 이론)완성파일)4장_완성파일.hwp ★

1 준비파일을 연 후, 제목 부분을 가운데로 정렬하기 위해 드래그하여 블록으로 지정한 다음 서식 도구 상자의 **[가운데 정렬]**(를)을 클릭합니다.

TIP

문단 정렬 단축키
• 양쪽 정렬 : `Ctrl` + `Shift` + `M`
• 왼쪽 정렬 : `Ctrl` + `Shift` + `L`
• 가운데 정렬 : `Ctrl` + `Shift` + `C`
• 오른쪽 정렬 : `Ctrl` + `Shift` + `R`
• 배분 정렬 : `Ctrl` + `Shift` + `T`

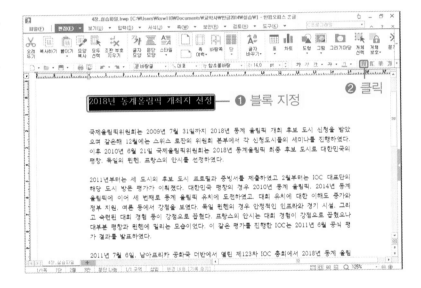

2 제목 부분이 가운데로 정렬되었는지 확인합니다.

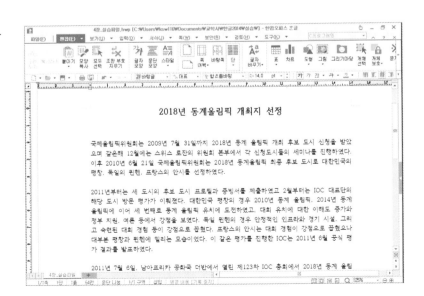

③ 문서의 본문 내용에 여백을 지정하기 위해 본문 전체를 드래그한 후 [**편집**] 탭-[**문단 모양**]을 클릭하거나 단축키 **Alt** + **T** 를 누릅니다.

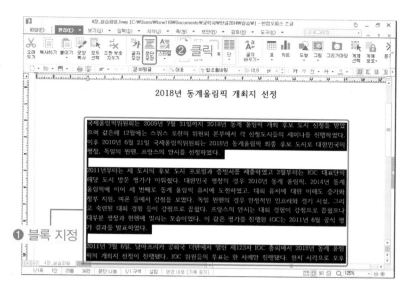

❶ 블록 지정

④ [**문단 모양**] 대화상자가 열리면 [**기본**] 탭-[**여백**]에서 '**왼쪽**'과 '**오른쪽**'을 각각 "20pt"로 입력한 후 [**설정**]을 클릭합니다.

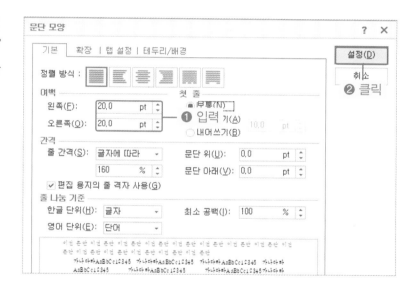

⑤ 왼쪽과 오른쪽 여백이 제대로 지정되었는지 확인합니다.

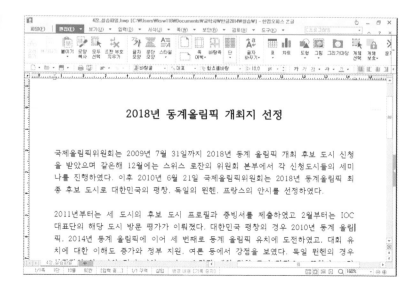

1 각 문단의 첫 번째 줄을 들여쓰기 위해 문단 전체를 드래그하여 블록 지정한 후 **[편집] 탭-[문단 모양]**을 클릭하거나 단축키 **Alt** + **T** 를 누릅니다.

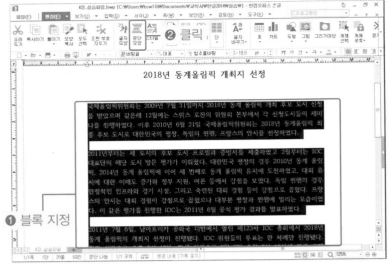

❶ 블록 지정

2 **[문단 모양]** 대화상자가 열리면 **첫 줄의 [들여쓰기]**를 선택한 후 **[설정]**을 클릭합니다.

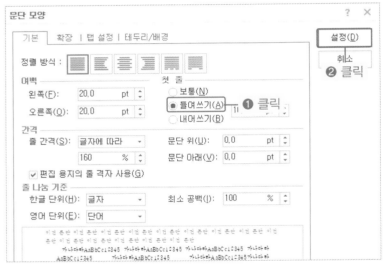

3 각 문단의 첫 줄에 들여쓰기가 설정되었는지 확인합니다.

TIP

'내어쓰기'는 '들여쓰기'와 반대로 문단에 있는 다른 행들보다 왼쪽으로 더 나오게 작성할 때 유용합니다.

1 각 문단의 줄 간격을 지정하기 위해 문단 전체를 드래그하여 블록 지정한 후 **[편집] 탭-[문단 모양]**을 클릭하거나 단축키 **Alt** + **T** 를 누릅니다.

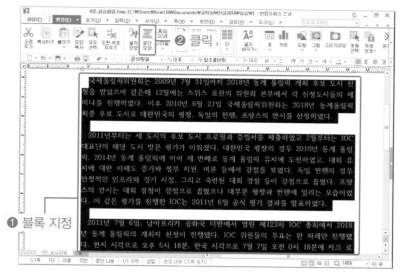

❶ 블록 지정

2 **[문단 모양]** 대화상자가 열리면 **줄 간격**을 "200%"로 입력하고 **[설정]**을 클릭합니다.

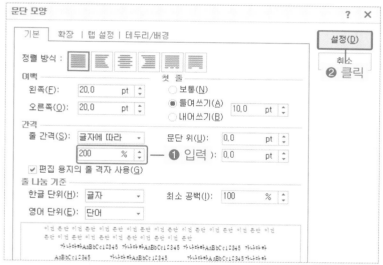

3 각 문단마다 줄 간격이 늘어난 것을 확인할 수 있습니다.

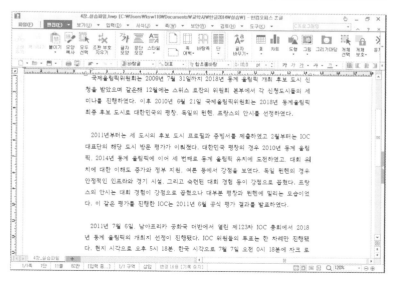

TIP

줄 간격의 기본값은 '160%'로 설정되어 있습니다. 줄 간격을 늘리려면 기본값보다 높게, 줄 간격을 줄이려면 기본값보다 낮게 설정하면 됩니다.

셀프 테스트

01 준비파일을 불러온 후 제목 부분을 가운데 정렬해 보세요.

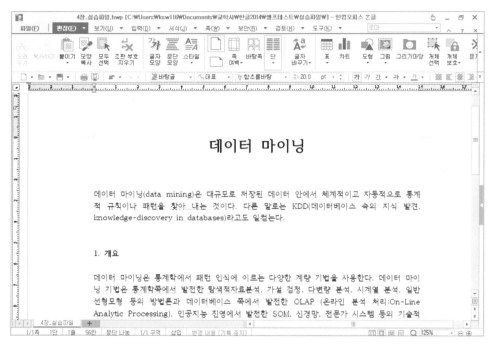

02 아래와 같이 첫 번째 문단의 왼쪽과 오른쪽 여백에 각각 '30pt'를 지정해 보세요.

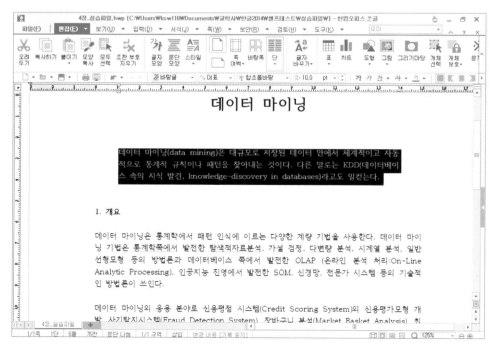

• 준비파일 : 셀프테스트〉실습파일〉4장_실습파일.hwp
• 완성파일 : 셀프테스트〉완성파일〉4장_완성파일.hwp

 03 아래와 같이 2~4번째 문단에 첫 줄 들여쓰기를 지정해 보세요.

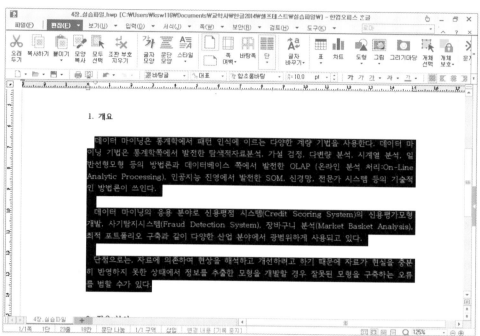

 04 아래와 같이 마지막 문단에 줄 간격을 '200%'로 지정해 보세요.

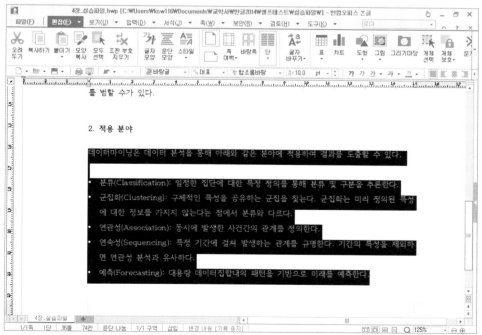

05

S·e·c·t·i·o·n

편집 용지 설정 및 인쇄하기

이번 장에서는 편집 용지의 방향과 여백을 설정해보고 인쇄 설정 및 미리보기를 통해
실제 문서를 인쇄하는 방법에 대해 알아보겠습니다.

01 편집 용지 설정하기

• 준비파일 : 이론)실습파일)5장_실습파일.hwp
• 완성파일 : 이론)완성파일)5장_완성파일.hwp ★

1 준비파일을 연 후 편집 용지의 방
향을 가로로 변경하기 위해 **[편집]
탭-[가로]**(▢)를 클릭합니다.

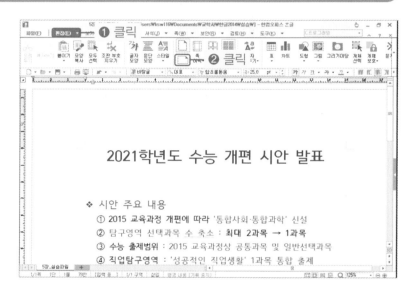

2 편집 용지의 방향이 가로로 변경되
었는지 확인합니다.

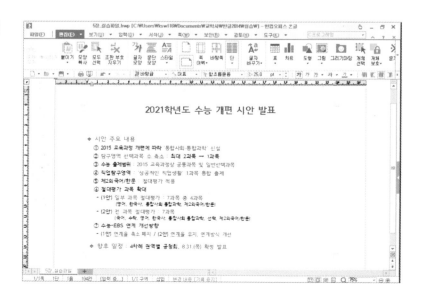

③ 편집 용지의 여백을 변경하기 위해
[쪽 여백]을 클릭한 후 **[넓게(머리말/
꼬리말 여백 포함)]**를 선택합니다(직
접 값을 입력하여 여백을 설정하려면
[쪽 여백 설정]을 클릭합니다.).

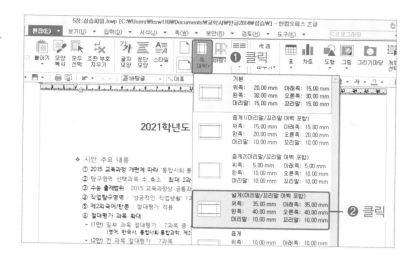

④ 편집 용지의 여백이 제대로 변경되었
는지 확인합니다.

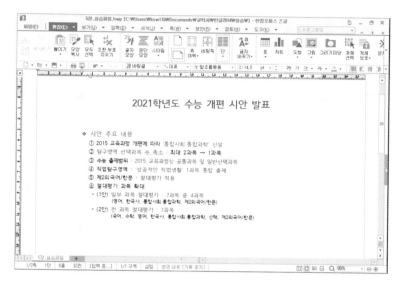

02 인쇄 설정 및 미리보기 ★

① 인쇄 항목을 설정하기 위해 **[파일] 탭- [인쇄]**를 클릭하거나 서식 도구 상자의 []를 클릭합니다.

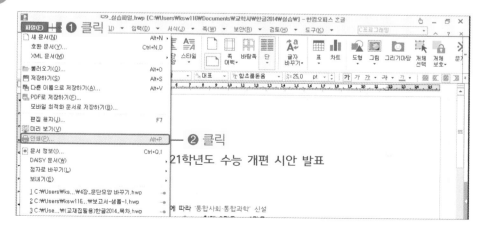

2 [인쇄] 대화상자가 열리면 [기본] 탭에서 인쇄 가능한 프린터를 선택하고 **인쇄 범위, 인쇄 매수, 인쇄 방식**을 설정할 수 있습니다. 여기서 **인쇄 범위**는 '문서 전체', **인쇄 매수**는 '5', **인쇄 방식**은 '모아 찍기-2쪽씩'을 선택한 후 인쇄될 문서를 확인하기 위해 [미리보기]를 클릭합니다.

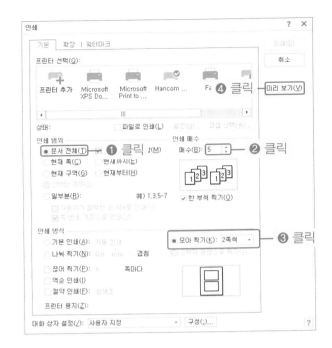

3 인쇄될 용지의 여백을 확인하기 위해 [여백 보기]와 [편집 용지 보기]를 클릭합니다.

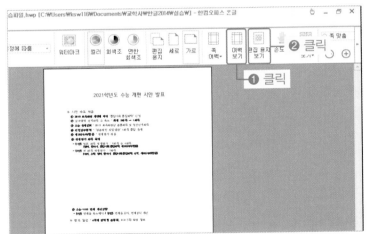

4 인쇄 미리보기 후 이상이 없으면 최종적으로 인쇄를 클릭합니다.

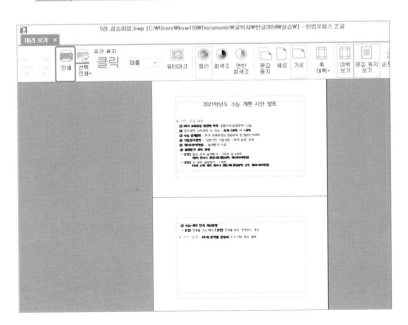

셀프 테스트

- 준비파일 : 셀프테스트〉실습파일〉5장_실습파일.hwp
- 완성파일 : 셀프테스트〉완성파일〉5장_완성파일.hwp

01 실습파일을 불러온 후 용지 방향은 '가로', 용지 여백은 '넓게(머리말/꼬리말 여백 포함)'로 설정해 보세요.

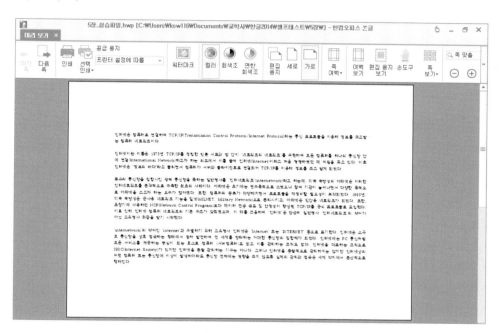

02 아래와 같이 인쇄 범위는 '문서 전체', 인쇄 방식은 '모아찍기'를 설정한 후 미리보기 해보세요.

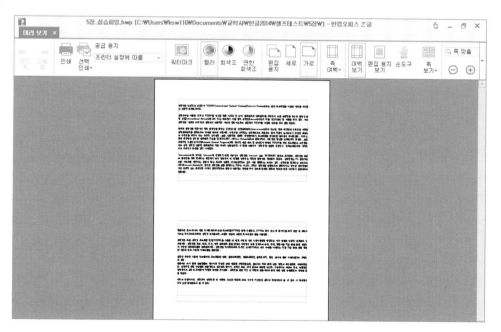

06 글머리표 및 문단 번호 삽입하기

S·e·c·t·i·o·n

이번 장에서는 문단에 글머리표와 문단 번호를 삽입하여 항목을 나열하거나 단락의 순서를 지정하는 방법에 대해 알아보겠습니다.

01 글머리표 삽입하기

• 준비파일 : 이론)실습파일)6장_실습파일.hwp
• 완성파일 : 이론)완성파일)6장_완성파일.hwp ★

1 준비파일을 연 후 글머리표를 삽입할 문단을 드래그하고 **[서식]탭-[글머리표]**(≡)를 클릭합니다 (여기서, 첫 번째 문단과 두 번째 문단의 첫 줄은 (▶), 나머지는 (○)로 지정해 보겠습니다.).

2 글머리표가 바로 적용됩니다. 다른 글머리표로 변경하기 위해 드래그된 상태에서 **[글머리표]** 바로 옆 내림단추(▾)를 클릭합니다.

③ 다양한 글머리표 중 (○)를 선택하여
글머리표를 변경합니다.

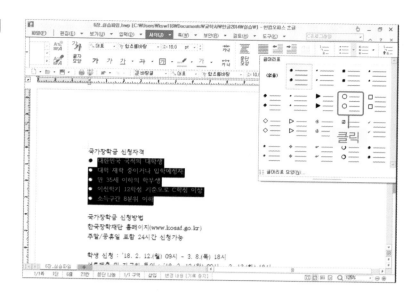

④ 글머리표가 제대로 변경되었는지 확
인한 후 두 번째 문단도 같은 방법으
로 설정합니다.

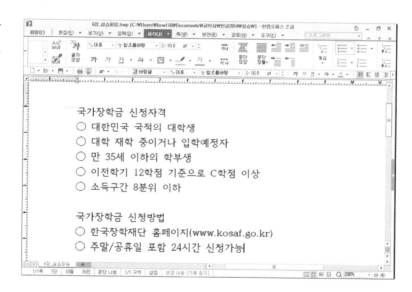

⑤ 첫 번째와 두 번째 문단의 첫 줄도 드
래그하여 **[글머리표]** 옆 내림단추(▾)
를 클릭한 후 (▶)로 변경합니다.

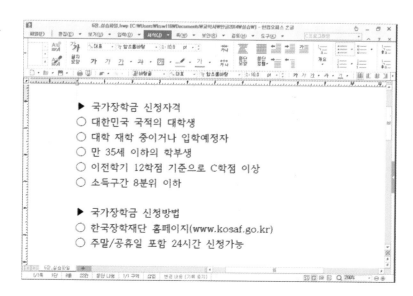

02 문단 번호 삽입하기 ★

1 순서가 정해져 있는 문단에 문단 번호를 삽입하기 위해 문단 전체를 드래그한 후 **[서식] 탭-[문단 번호]** 옆 내림단추(▾)를 클릭합니다.

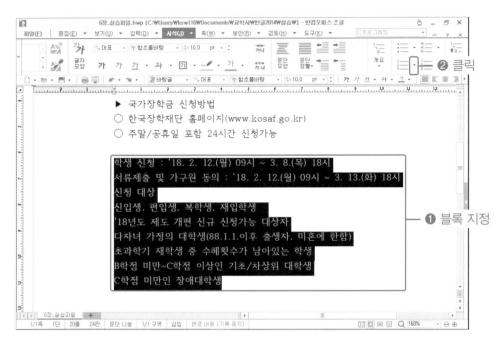

2 문단 번호 목록 중에 첫 번째 항목 **[1. 가. 1) 가)]**를 선택합니다.

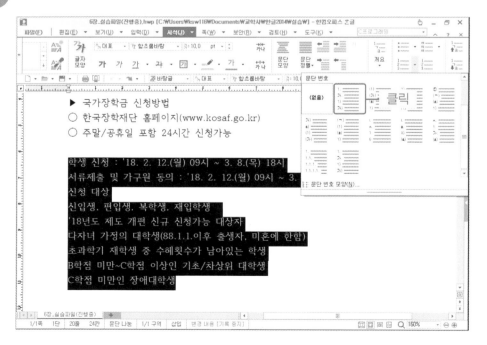

3 문단 전체에 문단 번호가 순서대로 지정된 것을 확인할 수 있습니다.

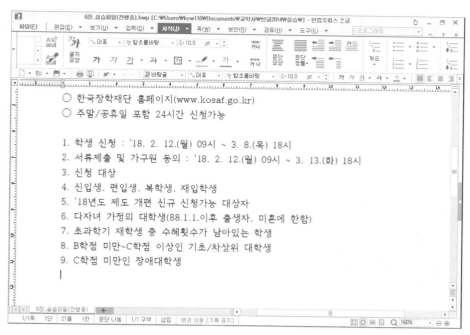

4 '**신청 대상**' 아래 항목들의 문단 수준을 변경하기 위해 4~9번째 줄까지 드래그한 후 [**서식**] **탭-[한 수준 감소]**( )를 클릭하거나 단축키 [Ctrl] + [Num Lock] + [+] 를 누릅니다.

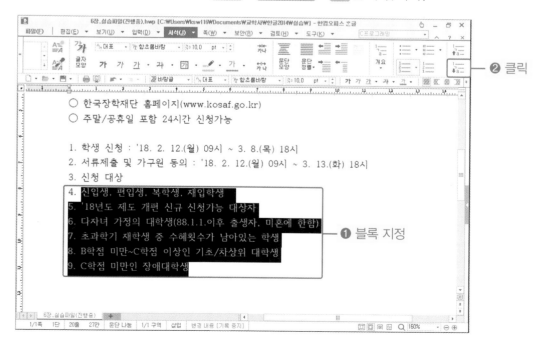

⑤ 문단 수준이 제대로 변경되었는지 확인합니다. 여기서는 한 수준 더 감소하기 위해 **[서식] 탭-[한 수준 감소]**( )를 클릭하거나 단축키 **Ctrl** + **Num Lock** + **+** 를 누릅니다.

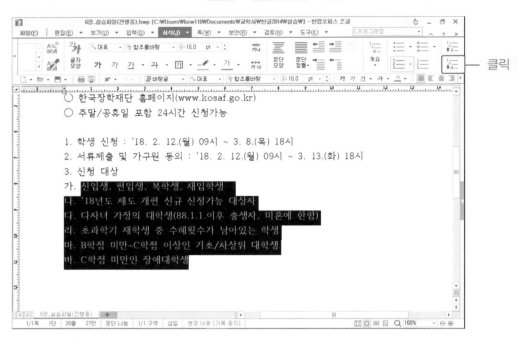

⑥ 원하는 문단 수준으로 변경되었는지 확인합니다.

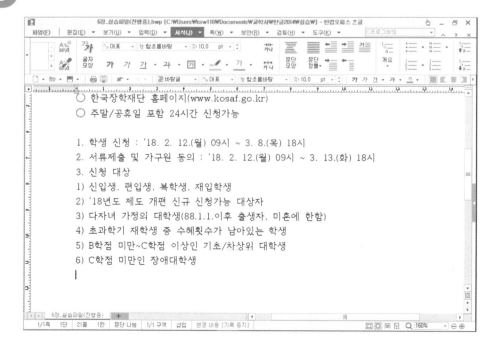

• 준비파일 : 셀프테스트〉실습파일〉6장_실습파일.hwp
• 완성파일 : 셀프테스트〉완성파일〉6장_완성파일.hwp

 준비파일을 불러온 후 아래와 같이 글머리표를 삽입해 보세요.

 아래와 같이 마지막 문단에 문단 번호를 삽입해 보세요.

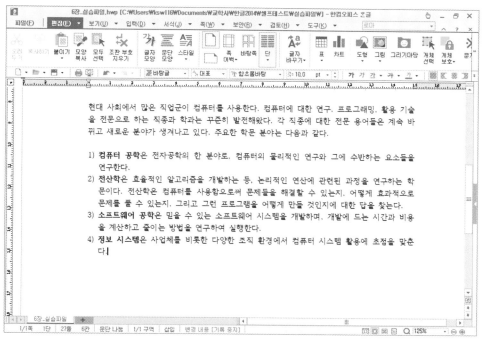

07 쪽 기능으로 문서 꾸미기

S·e·c·t·i·o·n

이번 장에서는 쪽 테두리와 배경, 머리말과 꼬리말 등을 설정하여 문서 전체에 동일한 모양을 지정하는 방법과 쪽 번호를 지정하는 방법에 대해 알아보겠습니다.

01 쪽 테두리/배경 지정하기

• 준비파일 : 이론)실습파일)7장_실습파일.hwp
• 완성파일 : 이론)완성파일)7장_완성파일.hwp ★

1 준비파일을 연 후 문서 전체에 쪽 테두리와 배경을 지정하기 위해 **[쪽] 탭-[쪽 테두리/배경]**을 클릭 합니다.

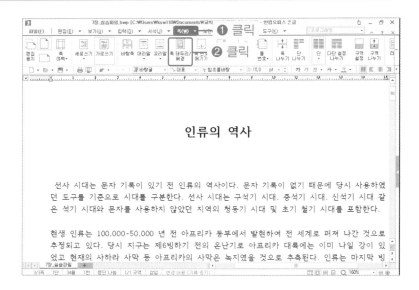

2 **[쪽 테두리/배경]** 대화상자에서 **테두리의 종류**는 **'실 선'**, **굵기**는 **'0.5mm'**, **위치**는 **'위쪽'**과 **'아래쪽'**을 선택 합니다.

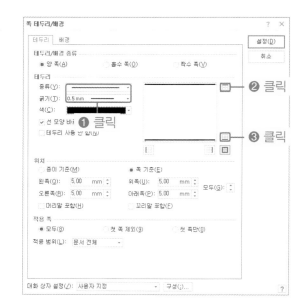

③ 문서 전체에 배경색을 지정하기 위해 [배경] 탭-[채우기]의 색을 선택합니다. [면 색]의 내림단추(▼)를 눌러서 '바다색(RGB:49,95,151) 90% 밝게'로 선택하고 [설정]을 클릭합니다.

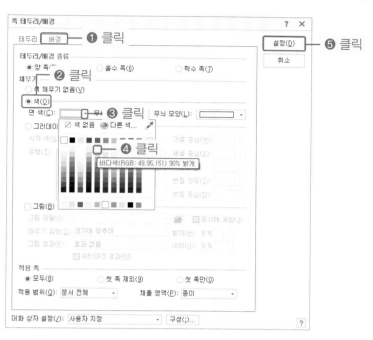

④ 문서 전체에 테두리와 배경이 제대로 적용되었는지 확인합니다.

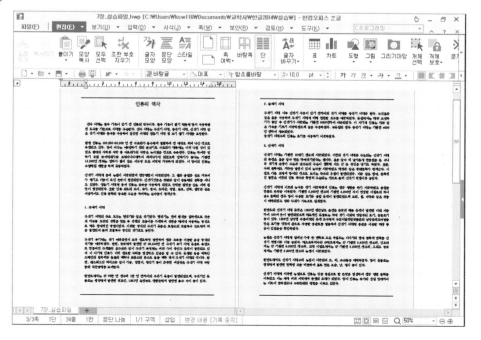

1 문서의 쪽마다 머리말을 지정하기 위해 **[쪽] 탭-[머리말]**을 선택한 후 **[머리말/꼬리말]**을 클릭하거나 단 축키 **Ctrl** + **N** , **H** 를 누릅니다.

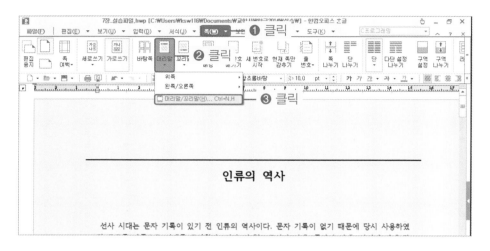

2 **[머리말/꼬리말]** 대화상자에서 '**머리말**'을 선택 한 후 **[만들기]**를 클릭합니다.

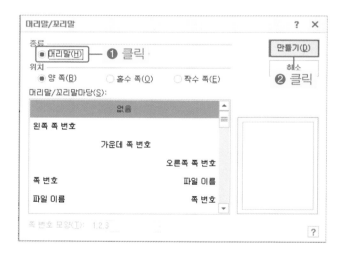

3 [머리말(양쪽)] 영역에 커서가 나타나면 '**오른쪽 정렬(≣)**'을 선택한 후 **"인류의 역사"**를 입력합니다. 입 력하고 나서 빠져나오려면 **[머리말/꼬리말 닫기]** 또는 단축키 **Shift** + **Esc** 를 누릅니다 (머리말을 수정하려면 머리말 영역에 마우스를 대고 더블클릭합니다.).

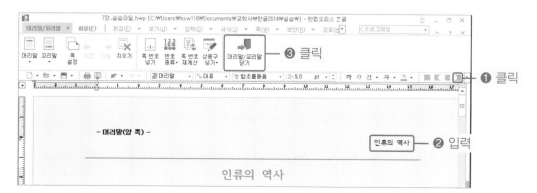

4 문서의 각 쪽마다 머리말이 적용되었는지 확인합니다. 꼬리말도 위와 같은 방법으로 삽입할 수 있습니다.

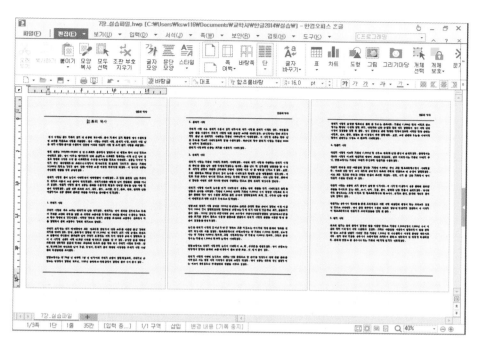

03 쪽 번호 매기기 ★

1 문서 전체에 쪽 번호를 입력하기 위해 **[쪽] 탭-[쪽 번호 매기기]**를 클릭합니다.

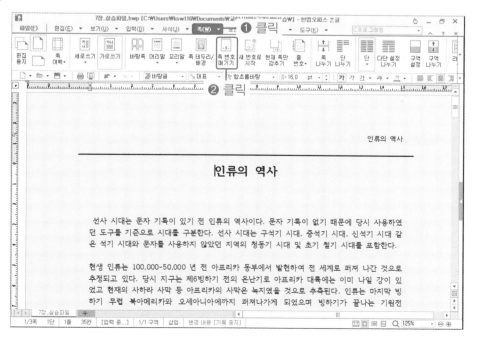

2 [쪽 번호 매기기] 대화상자에서 **번호 위치**는 '가운데 아래', 번호 모양은 '1,2,3', [줄표 넣기]에 체크한 후 [넣기]를 클릭합니다.

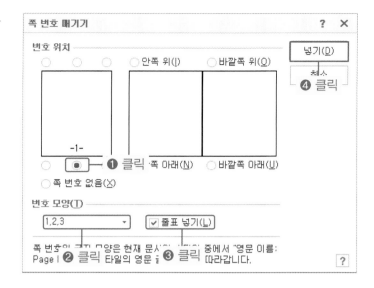

3 각 페이지마다 쪽 번호가 입력된 것을 확인할 수 있습니다. 여기서 첫 번째 쪽만 쪽 번호를 감추기 위해 1쪽에 커서를 위치한 후 [쪽] 탭-[현재 쪽만 감추기]를 클릭합니다.

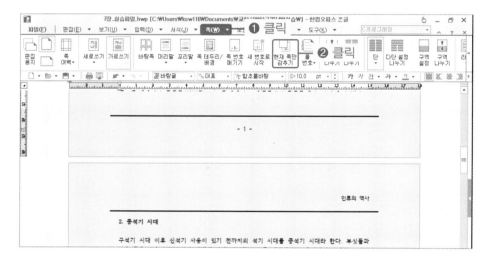

4 [감추기] 대화상자의 **감출 내용**에서 [쪽 번호]를 체크한 후 [설정]을 클릭합니다.

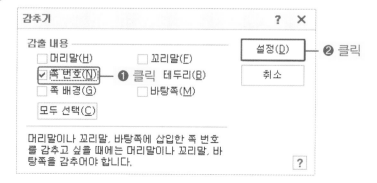

5 첫 쪽에 쪽 번호가 감춰진 것을 확인할 수 있습니다. 이번에는 두 번째 쪽의 쪽 번호를 1쪽으로 바꾸기 위해 커서를 2쪽에 위치한 후 [쪽] 탭-[새 번호로 시작]을 클릭합니다.

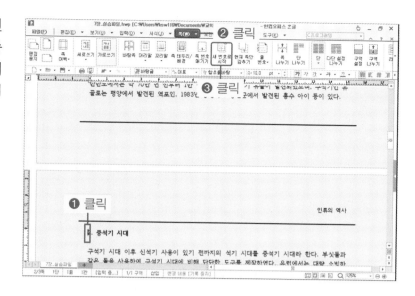

6 [새 번호로 시작] 대화상자에서 번호 종류는 '쪽 번호', 시작 번호는 '1'로 지정한 후 [넣기]를 클릭합니다.

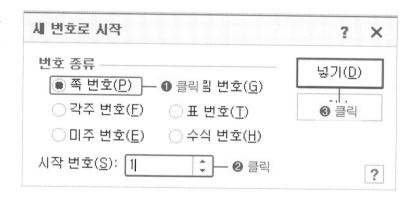

7 2쪽이 '1'로 시작 번호가 변경된 것을 확인합니다.

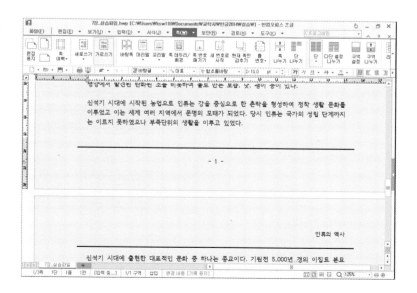

셀프 테스트

01 준비파일을 불러온 후 아래와 같이 쪽 테두리의 종류는 '실선', 굵기는 '0.3mm', 위치는 '모두'로 지정해 보세요.

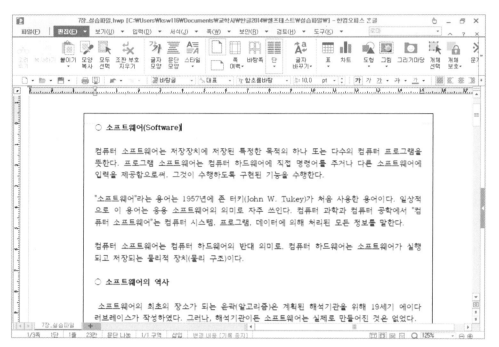

02 아래와 같이 쪽 배경의 면색을 '노른자색 90% 밝게'로 지정해 보세요.

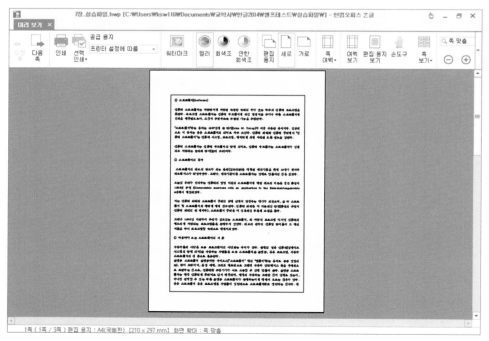

• 준비파일 : 셀프테스트〉실습파일〉7장_실습파일.hwp
• 완성파일 : 셀프테스트〉완성파일〉7장_완성파일.hwp

 아래와 같이 머리말 양쪽에 "소프트웨어"를 입력한 후 오른쪽 정렬해 보세요.

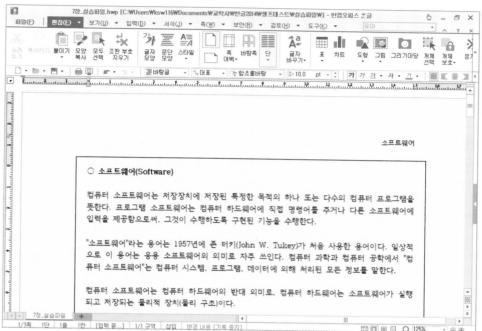

 아래와 같이 오른쪽 아래에 쪽 번호를 삽입해 보세요.

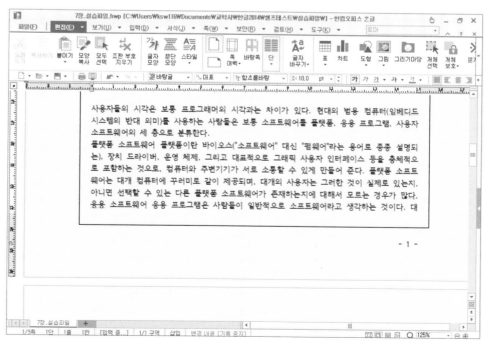

08
S·e·c·t·i·o·n

글상자 및 도형 삽입하기

이번 장에서는 글상자나 여러 가지 도형을 삽입하여 다양한 모양으로 문서를 꾸미는 방법에 대해 알아보겠습니다.

01 글상자 삽입하기

• 준비파일 : 이론)실습파일)8장_실습파일.hwp
• 완성파일 : 이론)완성파일)8장_완성파일.hwp ★

1 준비파일을 연 후 글상자를 삽입하기 위해 **[편집] 탭-[도형]-[가로 글상자]**(▤)를 클릭합니다.

2 마우스 모양이 십자모양(+)으로 바뀌면 글상자를 삽입하고자 하는 위치에 원하는 크기만큼 드래그합니다.

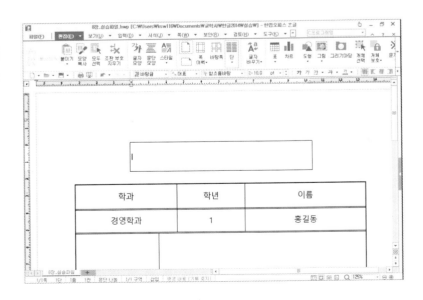

3 삽입된 글상자 안에 커서가 깜박이면 **"스터디모임 결과보고서"**라고 입력한 후 **글자 속성**은 '**맑은 고딕**', '**20pt**', '**진하게**', '**가운데 정렬**'로 설정합니다.

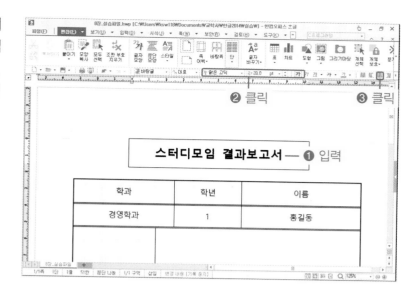

4 글상자 편집을 위해 마우스로 글상자를 더블 클릭하면 [**개체 속성**] 대화상자가 열립니다. [**선**] 탭에서 **선 굵기**를 **"0.50mm"**로 입력하고 [**설정**]을 클릭합니다.

5 글상자 속성이 제대로 적용되었는지 확인합니다.

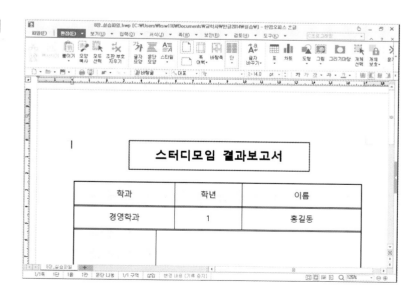

1 도형을 삽입하기 위해 **[편집] 탭-[도형]**을 클릭한 후 **직사각형(□)**을 선택합니다.

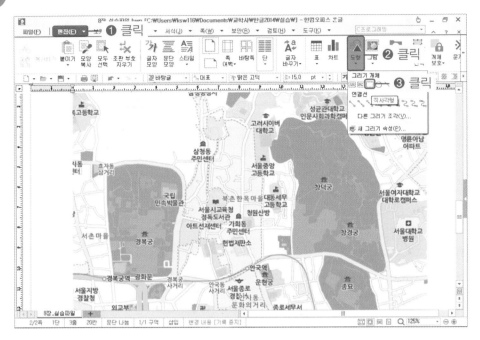

2 지도에서 **'경복궁'** 영역에 마우스로 드래그하여 직사각형 도형을 삽입한 후 마우스 오른쪽 단추를 클릭하여 **[개체 속성]**을 선택하거나 도형을 더블클릭하면 **[개체 속성]** 대화상자가 열립니다.

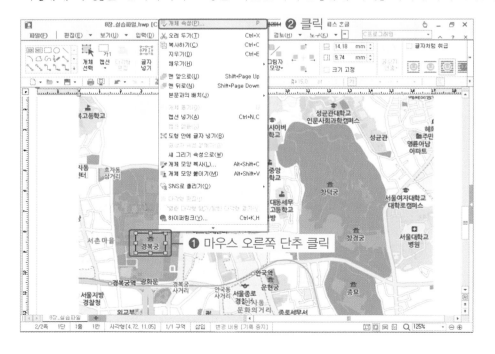

3 [개체 속성] 대화상자에서 [선] 탭의 선 색은 '빨강', 선 굵기는 "0.5mm"로 입력한 후 [설정]을 클릭합니다.

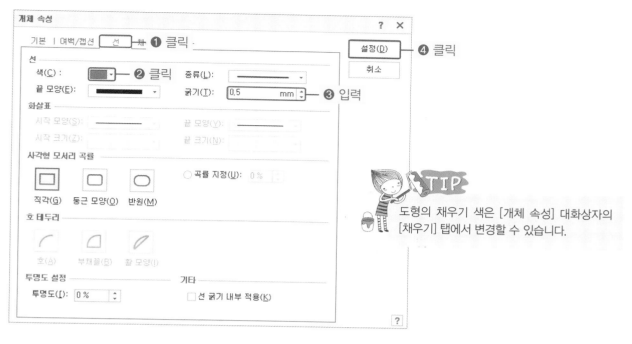

도형의 채우기 색은 [개체 속성] 대화상자의 [채우기] 탭에서 변경할 수 있습니다.

4 다른 도형을 삽입하기 위해 [편집] 탭-[도형] 선택 후 [다른 그리기 조각]을 클릭합니다.

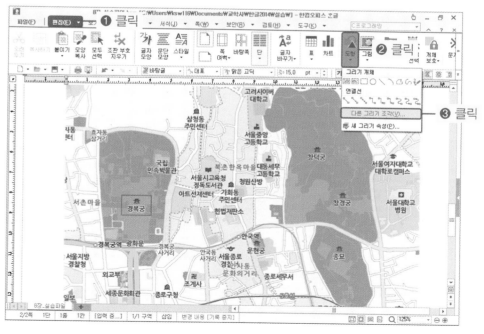

5 **[그리기마당]** 대화상자가 열리면 **[그리기 조각]** 탭에서 **선택할 꾸러미**는 **'설명선'**, 개체 목록은 **'사각형 설명선'**을 선택한 후 **[넣기]**를 클릭합니다.

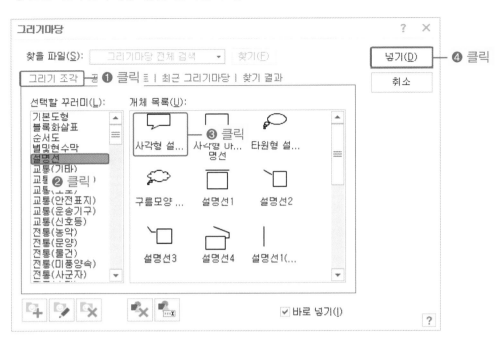

6 도형을 넣을 위치에 마우스로 드래그하여 설명선을 삽입한 후 네모박스 안에 마우스를 클릭하면 글자를 입력할 수 있습니다. 여기서는 **"현장학습 장소"**라고 입력해 보겠습니다.

셀프 테스트

• 준비파일 : 셀프테스트〉실습파일〉8장_실습파일.hwp
• 완성파일 : 셀프테스트〉완성파일〉8장_완성파일.hwp

01 준비파일을 불러온 후 아래와 같이 글상자 안에 "인천국제공항"이라고 입력한 다음, 면 색은 '흰색'으로 설정해 보세요.

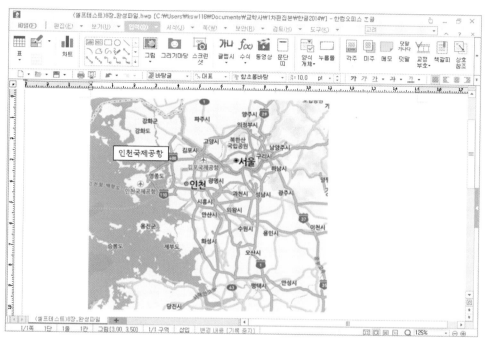

02 아래와 같이 도형을 삽입한 후 면 색은 '빨강', 선 종류는 '선 없음'으로 설정해 보세요.

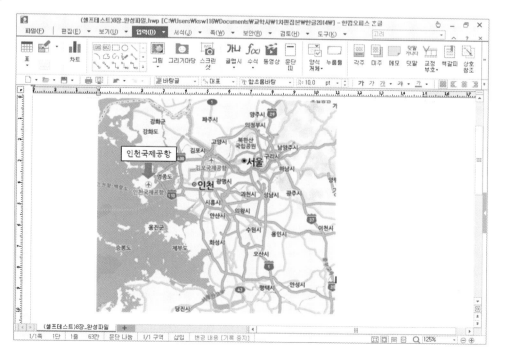

09 그림 및 동영상 삽입하기

S·e·c·t·i·o·n

이번 장에서는 문서에 그림을 삽입하여 꾸미거나 동영상을 삽입하여 별도의 재생 장치 없이 다양한 효과를 적용시키는 방법에 대해 알아보겠습니다.

01 그림 삽입하기

• 준비파일 : 이론)실습파일)9장_실습파일.hwp
• 완성파일 : 이론)완성파일)9장_완성파일.hwp ★

1 준비파일을 연 후 문서에 그림을 삽입하기 위해 **[편집] 탭**의 **[그림]**()을 클릭합니다.

2 **[그림 넣기]** 대화상자가 열리면 **'모나리자'** 파일을 선택한 후 **파일 형식**에서 **[문서에 포함]**, **[마우스로 크기 지정]** 항목에 체크하고 **[넣기]**를 클릭합니다.

① 문서에 포함 : 그림의 경로가 바뀌어도 그림이 문서에 계속 나타나게 합니다.
② 글자처럼 취급 : 그림이 삽입될 문단의 자리를 차지합니다.
③ 마우스로 크기 지정 : 원하는 위치에 원하는 크기만큼 그림 삽입이 가능합니다.

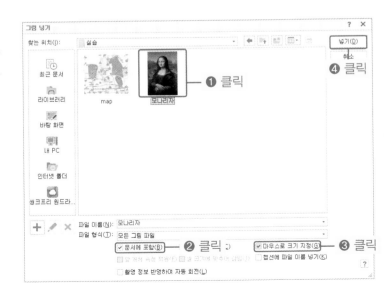

3 마우스 모양이 십자모양(+)으로 바뀌면 그림을 삽입할 위치에 마우스로 드래그합니다.

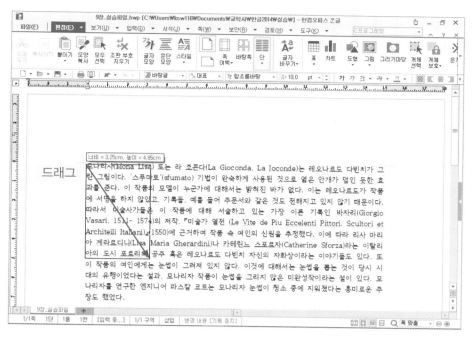

4 삽입된 그림에 여백을 설정하기 위해 그림이 선택된 상태에서 더블클릭하거나 마우스 오른쪽 단추를 클릭한 후 **[개체 속성]**을 선택합니다.

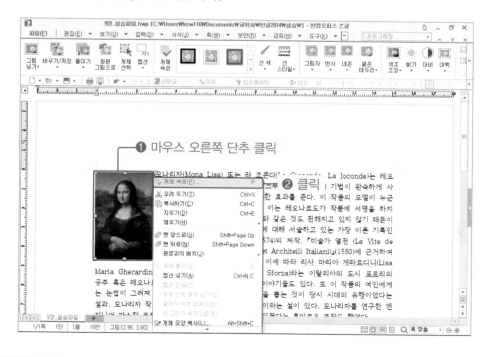

5 [개체 속성] 대화상자에서 [여백/캡션] 탭을 클릭한 후 [바깥 여백]의 오른쪽을 "3.00mm"로 입력하고 [설정]을 클릭합니다.

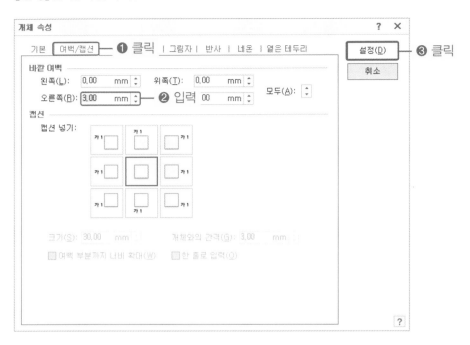

6 그림에 여백이 제대로 설정되었는지 확인합니다.

1 빈 문서에 동영상을 삽입하기 위해 **[입력]** 탭의 **[동영상]**(📷)을 클릭합니다.

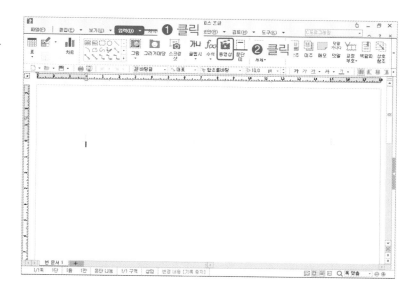

2 **[동영상 넣기]** 대화상자가 열리면 **[로컬 동영상]**을 선택 후 **폴더**(📁)를 클릭합니다.

3 삽입하려는 동영상 파일 '9장_video'를 선택한 후 **[열기]**를 클릭합니다.

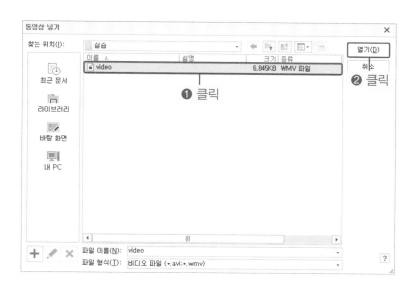

④ **[문서에 포함]** 항목에 체크한 후 **[넣기]**를 클릭합니다.

⑤ 문서에 동영상이 삽입된 것을 확인할 수 있습니다. 동영상을 재생하려면 개체가 선택된 상태에서 마우스로 재생 버튼을 클릭합니다. 이 때, 한 번 더 클릭하면 일시정지가 되고, 빠져나오려면 **Esc** 를 누릅니다.

• 준비파일 : 셀프테스트〉실습파일〉9장_실습파일.hwp
• 완성파일 : 셀프테스트〉완성파일〉9장_완성파일.hwp

01 준비파일을 불러온 후 아래와 같이 그림을 삽입하고 [개체 속성]에서 본문과의 배치는 '어울림', 바깥 여백의 오른쪽을 '5mm'로 설정해 보세요.

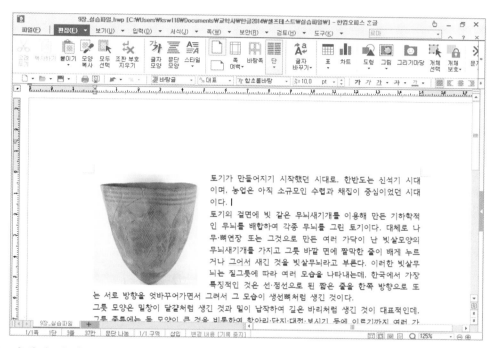

02 아래와 같이 PC에 저장된 샘플 동영상을 삽입해 보세요.

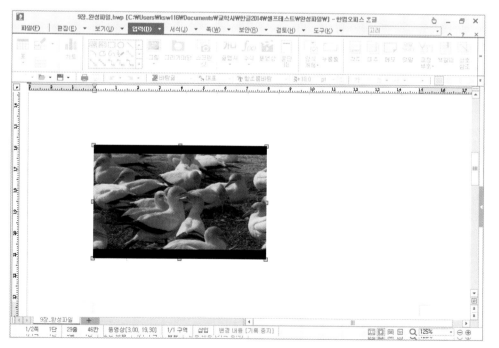

표 만들기

S·e·c·t·i·o·n

이번 장에서는 문서에 표를 삽입하여 내용을 입력한 후 줄/칸 추가하기, 표 자동 채우기, 블록 합계를 구하는 방법에 대해 알아보겠습니다.

01 표 삽입하기

• 완성파일 : 이론〉완성파일〉10장_완성파일.hwp ★

1 문서에 표를 삽입하기 위해 [**편집**] **탭**의 [**표**](▦)를 클릭합니다. 단축 키는 **Ctrl** + **N** , **T** 를 누릅니다.

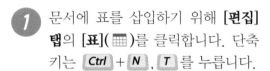

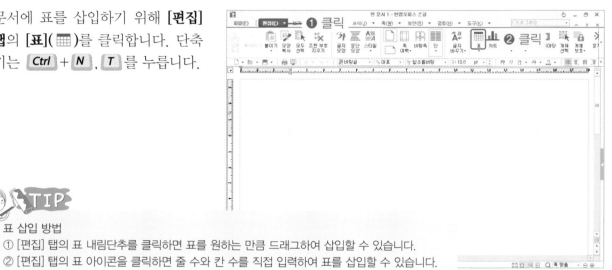

TIP

표 삽입 방법
① [편집] 탭의 표 내림단추를 클릭하면 표를 원하는 만큼 드래그하여 삽입할 수 있습니다.
② [편집] 탭의 표 아이콘을 클릭하면 줄 수와 칸 수를 직접 입력하여 표를 삽입할 수 있습니다.

2 [**표 만들기**] 대화상자에서 **줄 수**와 **칸 수**를 동일하게 "**5**"로 입력하고 [**만들기**]를 클릭합니다.

③ 문서에 5행 5열의 표가 제대로 삽입되었는지 확인합니다.

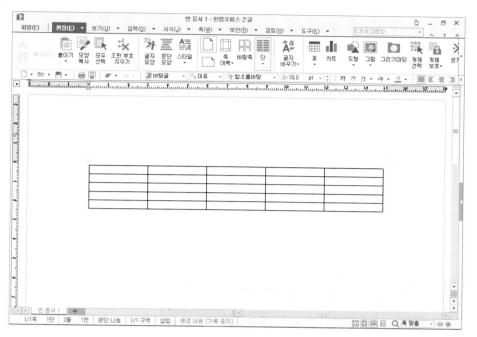

④ 삽입된 표에 아래와 같이 내용을 입력합니다.

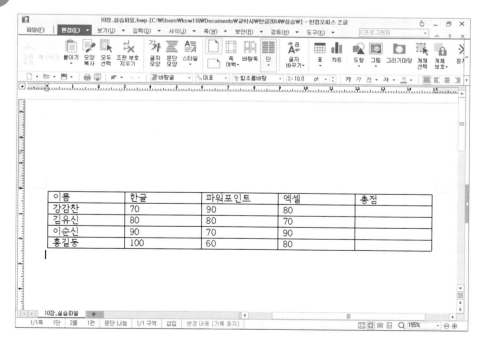

이름	한글	파워포인트	엑셀	총점
강감찬	70	90	80	
김유신	80	80	70	
이순신	90	70	90	
홍길동	100	60	80	

02 표 편집하기 ★

1 표 안의 내용을 가운데로 정렬하기 위해 마우스로 드래그한 후 서식 도구 상자의 **[가운데 정렬]**(三)을 클릭합니다.

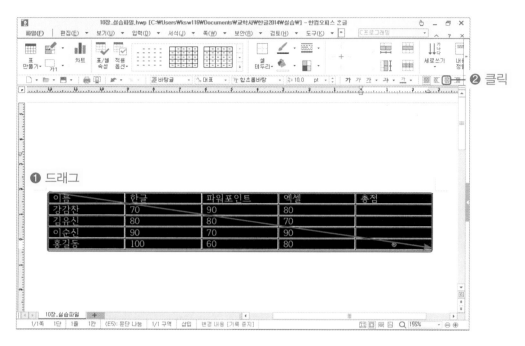

2 표의 맨 왼쪽 열에 칸을 추가하기 위해 첫 번째 열에 커서를 위치한 다음 마우스 오른쪽 단추를 클릭하여 **[줄/칸 추가하기]**를 선택합니다. 단축키는 **Alt** + **Insert** 를 누릅니다.

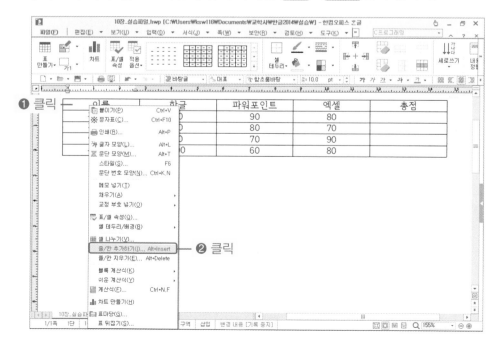

3 [줄/칸 추가하기] 대화상자에서 [왼쪽]을 선택하고 **줄/칸 수**는 "**1**"로 입력한 다음 [**추가**]를 클릭합니다.

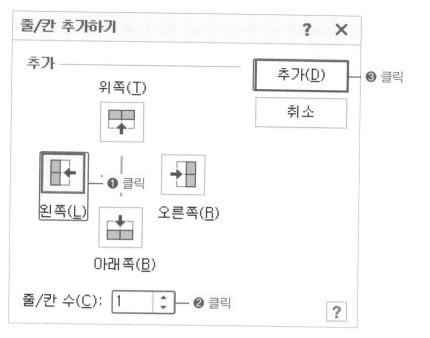

4 추가된 열의 **첫 번째 칸**에 "**번호**", **두 번째 칸**에 "**1**", **세 번째 칸**에 "**2**"라고 입력하고 두 번째 칸부터 마지막 칸까지 드래그합니다.

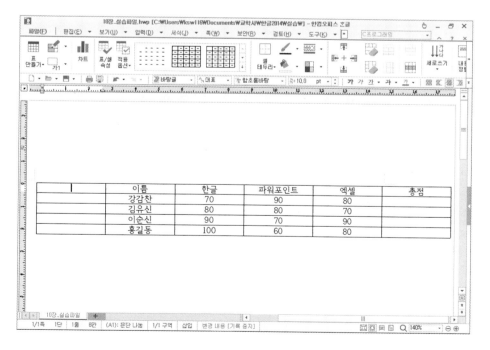

5 마우스 오른쪽 단추를 클릭하여 **[채우기]-[표 자동 채우기]**를 선택합니다.

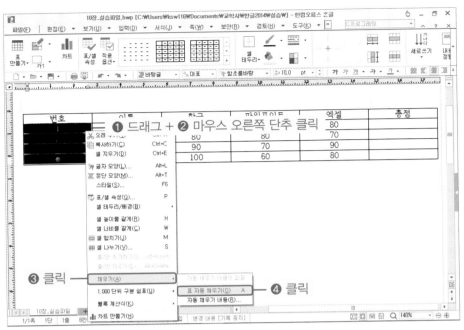

6 표의 첫 번째 열에 '1~4'까지 자동으로 채워진 것을 확인합니다.

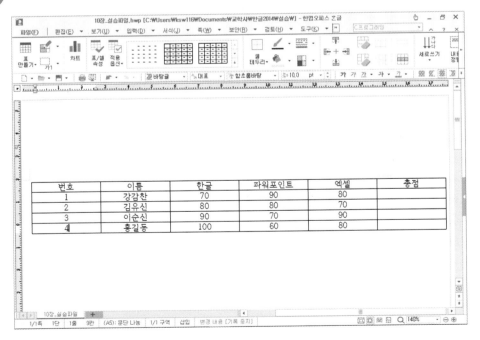

번호	이름	한글	파워포인트	엑셀	총점
1	강감찬	70	90	80	
2	김유신	80	80	70	
3	이순신	90	70	90	
4	홍길동	100	60	80	

① 총점을 구하기 위해 표 안의 점수가 입력된 열부터 총점 열까지 드래그한 후 마우스 오른쪽 단추를 클릭하여 **[블록 계산식]-[블록 합계]**를 선택합니다.

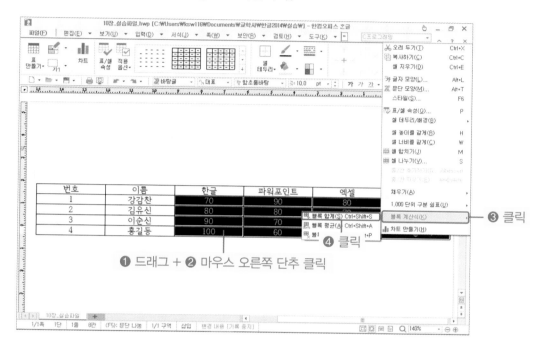

● 드래그 + ❷ 마우스 오른쪽 단추 클릭

❸ 클릭

❹ 클릭

② 학생별로 각 과목들의 총점이 자동으로 계산되어 입력되었는지 확인합니다.

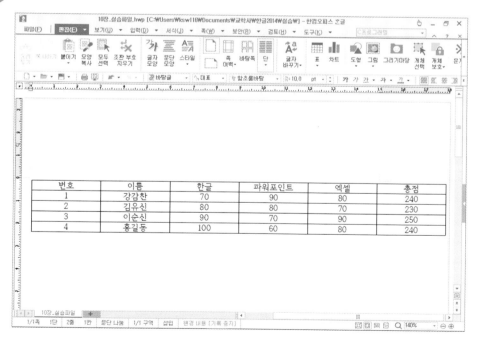

번호	이름	한글	파워포인트	엑셀	총점
1	강감찬	70	90	80	240
2	김유신	80	80	70	230
3	이순신	90	70	90	250
4	홍길동	100	60	80	240

01 아래와 같이 표를 삽입한 후 표 안에 내용을 작성해 보세요.

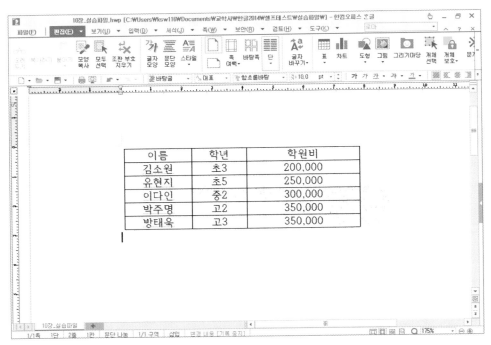

이름	학년	학원비
김소원	초3	200,000
유현지	초5	250,000
이다인	중2	300,000
박주명	고2	350,000
방태욱	고3	350,000

02 아래와 같이 왼쪽에 칸을 추가한 후 표 자동 채우기를 이용하여 내용을 입력해 보세요.

	이름	학년	학원비
1	김소원	초3	200,000
2	유현지	초5	250,000
3	이다인	중2	300,000
4	박주명	고2	350,000
5	방태욱	고3	350,000

Hangul 2014

• 완성파일 : 셀프테스트〉완성파일〉10장_완성파일.hwp

 아래와 같이 아래쪽에 줄을 추가한 후 블록 합계를 이용하여 총 합계를 계산해 보세요.

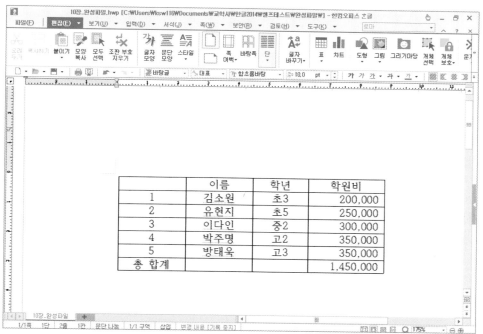

 아래와 같이 아래쪽에 줄을 추가한 후 블록 평균을 이용하여 총 평균을 계산해 보세요.

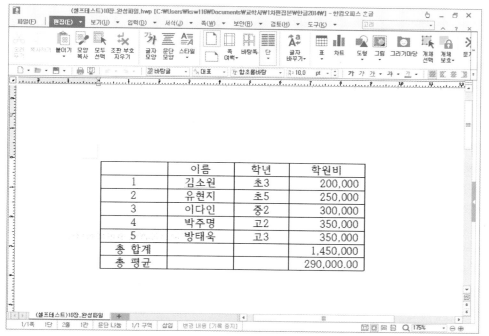

표 꾸미기

S·e·c·t·i·o·n

이번 장에서는 셀 합치기와 셀 나누기, 셀 크기 조절하기, 셀 테두리 및 배경색 넣기 등 표를 다양하게 꾸미는 방법에 대해 알아보겠습니다.

01 셀 합치기/셀 나누기

• 준비파일 : 이론〉실습파일〉11장_실습파일.hwp
• 완성파일 : 이론〉완성파일〉11장_완성파일.hwp ★

1 준비파일을 연 후 이전 장에서 배운 **[줄/칸 추가하기]**를 이용하여 그림과 같이 위쪽에 줄을 추가합니다.

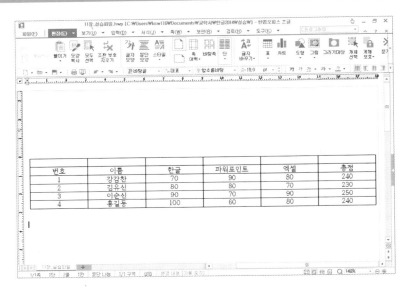

2 첫 번째 줄의 세 번째 셀부터 다섯 번째 셀까지 셀을 합치기 위해 드래그한 후 **[표] 탭**의 내림단추(▼)를 클릭하여 **[셀 합치기]** 또는 단축키 **M**을 누릅니다.

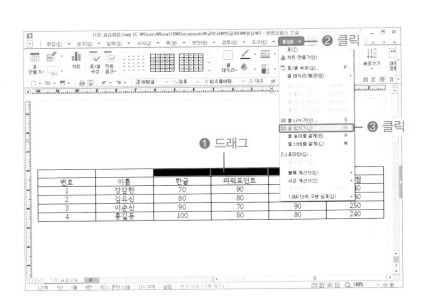

③ 합쳐진 셀에 **"수강과목"**이라고 입력하고 나머지 셀도 다음과 같이 [**셀 합치기**]를 합니다.

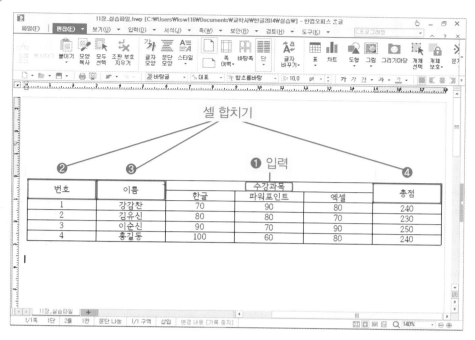

④ **'총점'** 열을 드래그한 후 [**표**] 탭의 내림단추(▾)를 클릭하여 [**셀 나누기**] 또는 단축키 S 를 누릅니다.

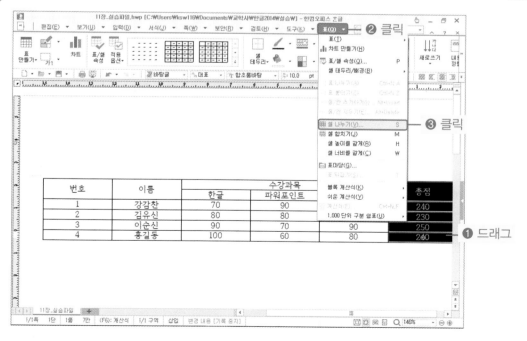

5 [셀 나누기] 대화상자에서 **칸 수**는 "2"로 설정하고 [**나누기**]를 클릭합니다.

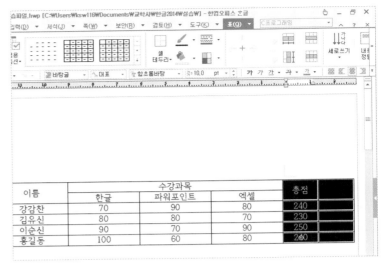

6 '**총점**' 열 옆에 "**평균**"을 입력한 후 각 학생들의 수강과목 평균을 블록 계산식을 이용하여 블록 평균을 구합니다.

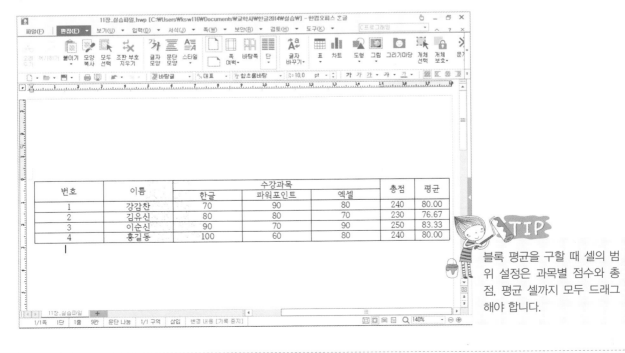

번호	이름	수강과목			총점	평균
		한글	파워포인트	엑셀		
1	강감찬	70	90	80	240	80.00
2	김유신	80	80	70	230	76.67
3	이순신	90	70	90	250	83.33
4	홍길동	100	60	80	240	80.00

TIP

블록 평균을 구할 때 셀의 범위 설정은 과목별 점수와 총점, 평균 셀까지 모두 드래그해야 합니다.

1 표 안의 내용 중 첫 번째 열의 셀 크기를 조절하기 위해 드래그합니다.

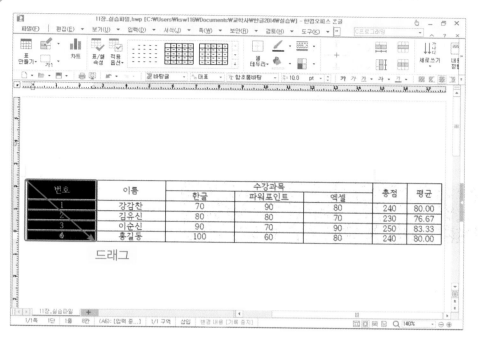

2 **Ctrl** 을 누른 상태에서 방향키 **←** 를 한 번 누를 때마다 셀 크기가 줄어듭니다. 셀 내용이 보기 좋게 적절히 조절합니다(셀 크기를 늘리려면 **Ctrl** 과 **→** 이용합니다.).

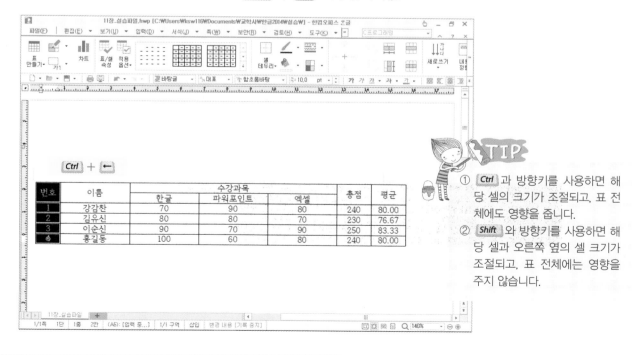

TIP
① **Ctrl** 과 방향키를 사용하면 해당 셀의 크기가 조절되고, 표 전체에도 영향을 줍니다.
② **Shift** 와 방향키를 사용하면 해당 셀과 오른쪽 옆의 셀 크기가 조절되고, 표 전체에는 영향을 주지 않습니다.

1 표에 셀 테두리를 적용하기 위해 표 전체를 드래그합니다.

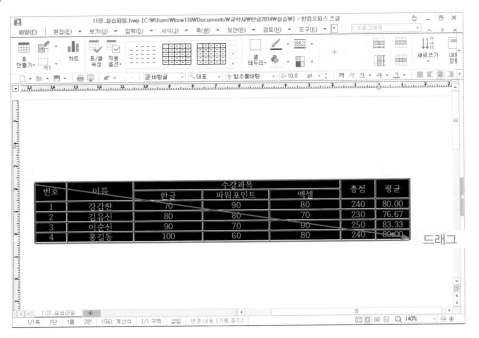

2 마우스 오른쪽 단추를 클릭하여 **[셀 테두리/배경]–[각 셀마다 적용]**을 클릭하거나 단축키 **L**을 누릅니다.

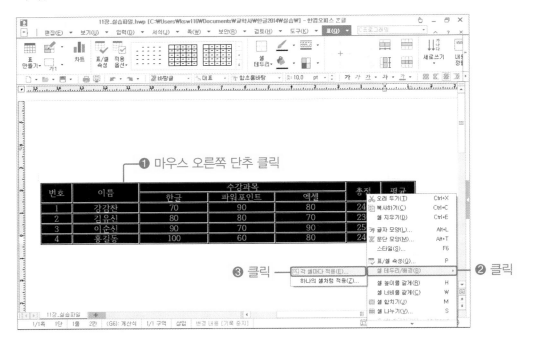

③ **[셀 테두리/배경]** 대화상자의 **[테두리]** 탭에서 **테두리의 종류**는 '**실선**', **굵기**는 '**0.4mm**', '**바깥쪽**'을 선택하고 **[설정]**을 클릭합니다. 이 때, **[선 모양 바로 적용]**에 체크가 되어 있어야 미리보기가 가능합니다.

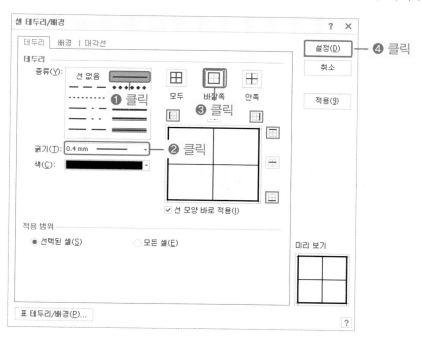

④ 셀 테두리가 제대로 적용되었는지 확인합니다.

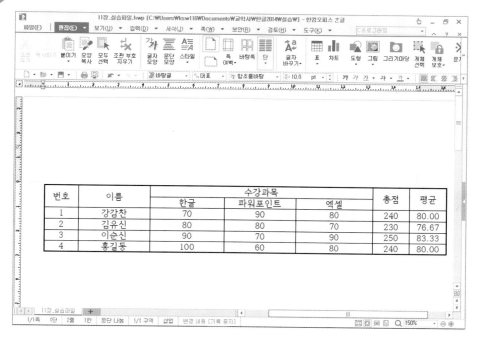

번호	이름	수강과목			총점	평균
		한글	파워포인트	엑셀		
1	강감찬	70	90	80	240	80.00
2	김유신	80	80	70	230	76.67
3	이순신	90	70	90	250	83.33
4	홍길동	100	60	80	240	80.00

⑤ 이번에는 표 안의 셀에 배경색을 적용하기 위해 첫 번째 행을 드래그합니다.

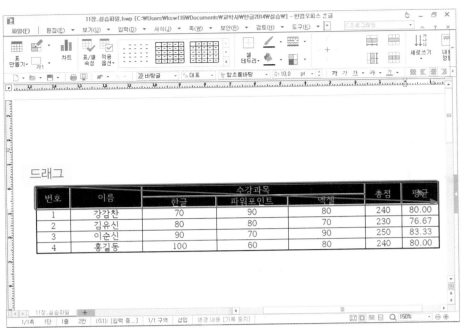

⑥ 마우스 오른쪽 단추를 클릭하여 **[셀 테두리/배경]-[각 셀마다 적용]**을 클릭하거나 단축키 **C**를 누릅니다.

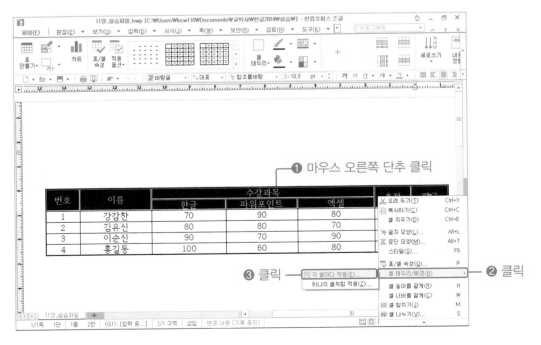

7 [셀 테두리/배경] 대화상자의 [배경] 탭에서 채우기는 '색', 면 색은 '바다색 90% 밝게'를 선택하고 [설정]을 클릭합니다.

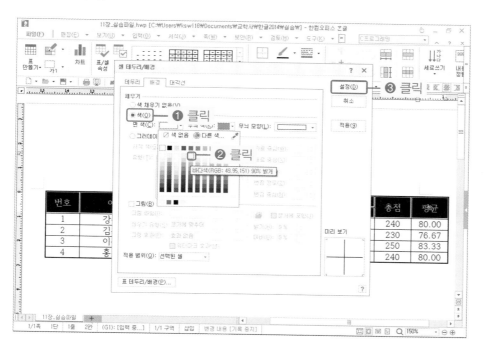

8 셀 배경색이 제대로 적용되었는지 확인합니다.

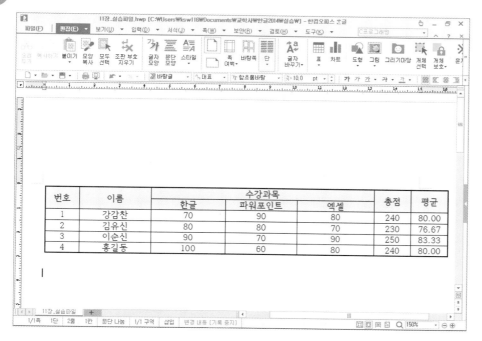

셀프 테스트

01 준비파일을 불러온 후 셀 합치기와 셀 나누기를 이용하여 아래와 같이 편집해 보세요.

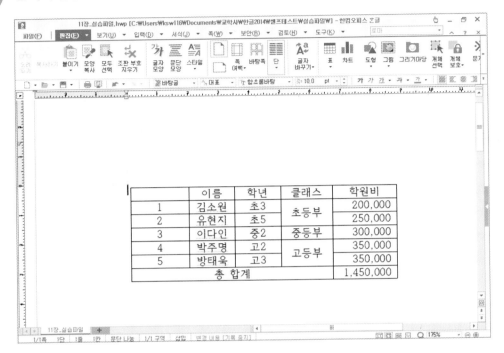

02 아래와 같이 맨 왼쪽 열의 셀 크기를 조절해 보세요.

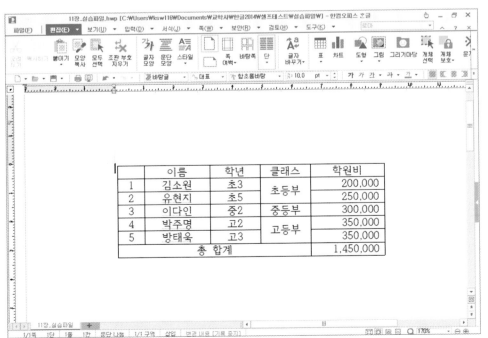

• 준비파일 : 셀프테스트〉실습파일〉11장_실습파일.hwp
• 완성파일 : 셀프테스트〉완성파일〉11장_완성파일.hwp

 03 아래와 같이 셀 테두리의 종류는 '실선', 위치는 '바깥쪽', 굵기는 '0.5mm'로 적용해 보세요.

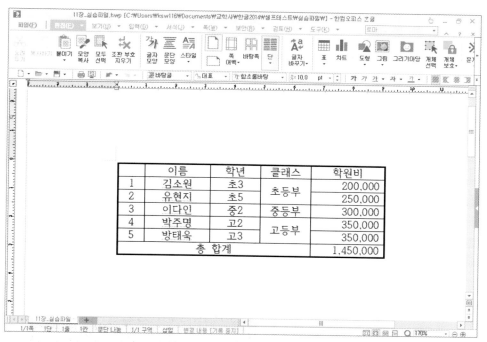

 04 아래와 같이 첫 번째 줄에 셀 배경색을 '바다색 90% 밝게'로 적용해 보세요.

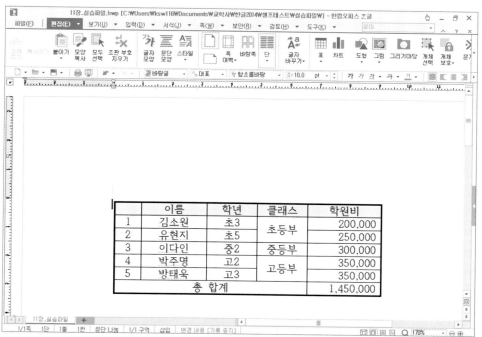

12 차트 만들기

S·e·c·t·i·o·n

이번 장에서는 표 안에 이미 입력된 데이터들을 이용하여 차트를 만드는 방법과 차트를 먼저 삽입한 후 데이터를 편집하는 방법, 그리고 차트 모양을 편집하는 방법에 대해 알아보겠습니다.

01 표 안의 데이터로 차트 만들기

• 준비파일 : 이론〉실습파일〉11장_실습파일.hwp
• 완성파일 : 이론〉완성파일〉12장_완성파일.hwp ★

1 준비파일을 연 후 차트를 삽입하기 위해 표 안의 내용을 드래그하고 **[표] 탭**의 **[차트]**(▫▫)를 클릭합니다.

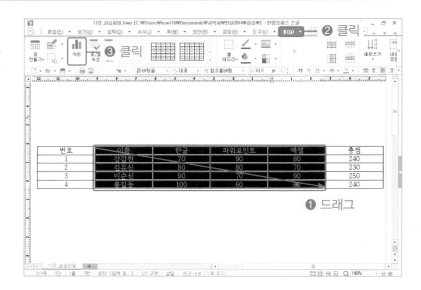

2 차트가 제대로 삽입되었는지 확인합니다.

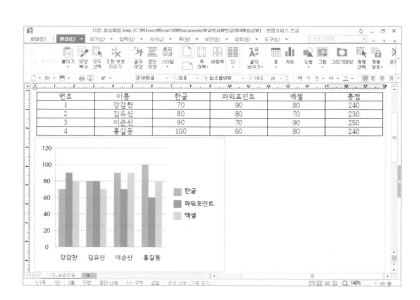

1 이번에는 **[편집] 탭**의 **[차트]( )**를 클릭하여 빈 공간에 차트를 삽입합니다.

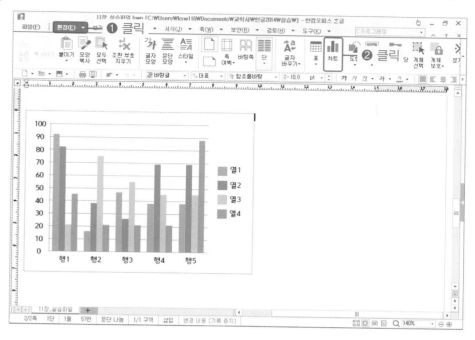

2 삽입된 차트를 선택한 후 **[차트] 탭**의 **[데이터 범위]–[데이터 편집]**을 선택합니다.

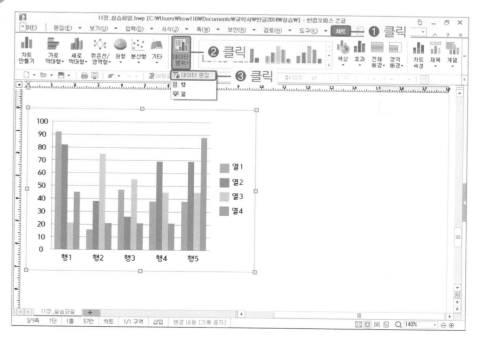

3 **[차트 데이터 편집]** 대화상자에서 차트 데이터의 행과 열에 그림과 같이 데이터를 입력하고 필요 없는 행과 열은 마우스 오른쪽 단추를 클릭하여 삭제한 후 **[확인]**을 클릭합니다.

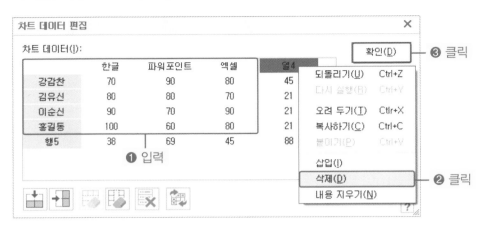

4 표 안의 데이터를 이용한 차트가 삽입된 것을 확인할 수 있습니다.

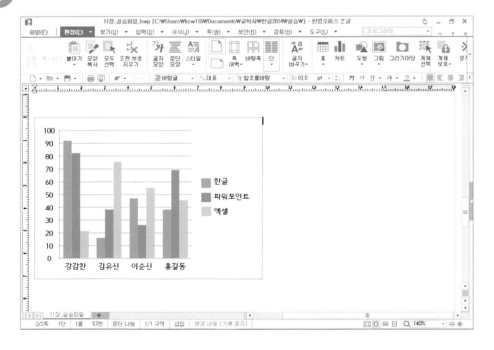

1 차트 모양을 편집하기 위해 차트를 선택한 후 **[차트] 탭**의 **[범례]–[아래쪽 표시]**를 클릭합니다.

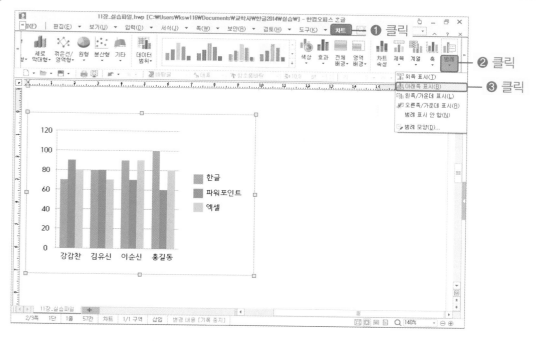

2 범례 위치가 아래쪽으로 바뀐 것을 확인할 수 있습니다. 차트의 제목을 삽입하기 위해 **[차트] 탭**의 **[제목]**을 클릭한 후 차트 제목이 삽입되면 **'차트 제목'**을 더블클릭합니다.

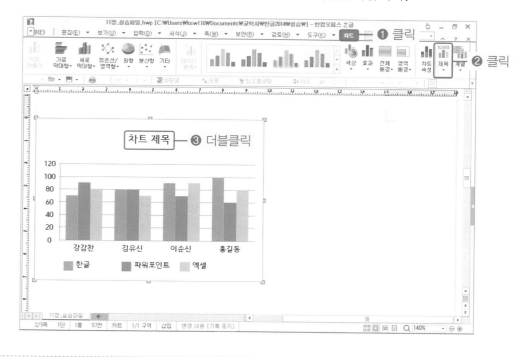

3 [제목 모양] 대화상자에서 [글자] 탭의 **내용**에 **"컴퓨터입문 수강과목"**이라고 입력한 후 [배경] 탭의 **종류**
는 **'한 줄로'**, **굵기**는 **'1pt'**, **색**은 **'검정'**, **위치**는 **'5pt'**로 지정한 후 [설정]을 클릭합니다.

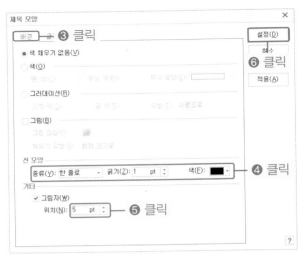

4 차트 제목이 삽입된 것을 확인할 수 있습니다. 이번에는 차트 영역에 배경색을 넣기 위해 차트를 선택한
후 [차트] 탭의 [영역 배경]–[영역 배경 설정]을 클릭합니다.

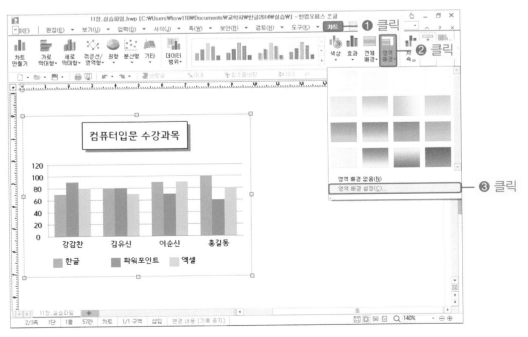

5 **[차트 속성]** 대화상자에서 **[배경]** 탭의 **면 색**은 '**바다색 90% 밝게**'를 선택한 후 **[설정]**을 클릭합니다.

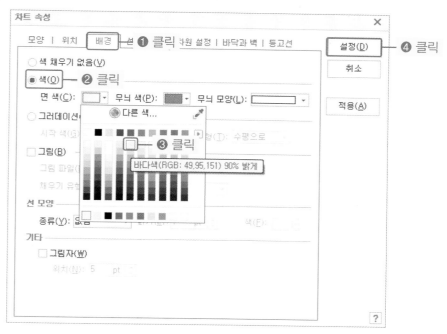

6 차트 영역에 배경색이 적용된 것을 확인할 수 있습니다.

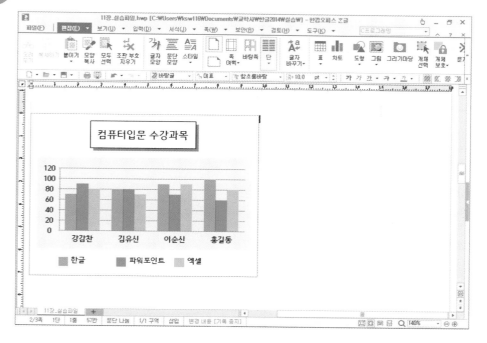

셀프 테스트

01 준비파일을 불러온 후 아래와 같이 '국어', '영어', '수학' 점수를 이용하여 차트를 만들어 보세요.

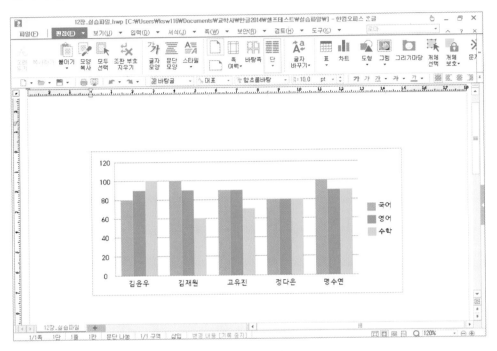

02 아래와 같이 범례를 아래쪽에 표시해 보세요.

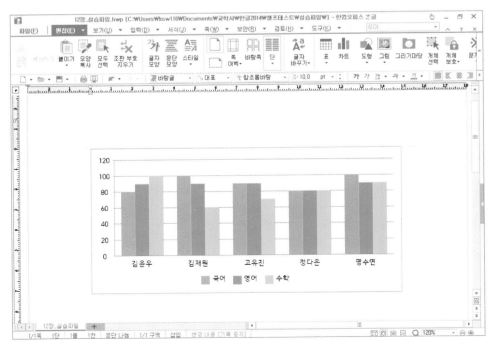

• 준비파일 : 셀프테스트〉실습파일〉12장_실습파일.hwp
• 완성파일 : 셀프테스트〉완성파일〉12장_완성파일.hwp

03 아래와 같이 차트 제목을 삽입한 후 제목은 '기말고사 성적표', 선 모양은 '한 줄로', 선 굵기는 '2pt', 선 색은 '검정', 그림자 위치는 '5pt'로 편집해 보세요.

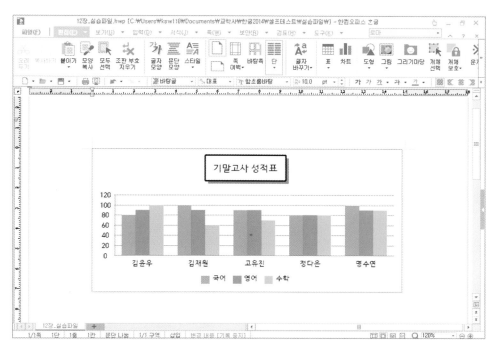

04 아래와 같이 차트 배경색을 '루비색 90% 밝게'로 편집해 보세요.

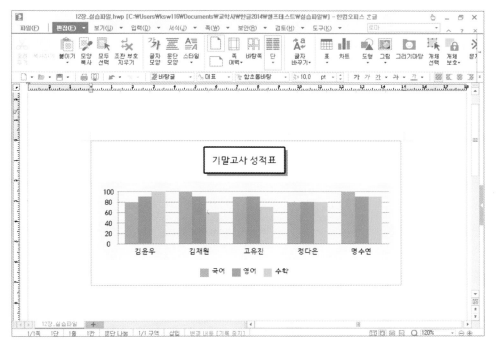

13 스타일 지정하기

S·e·c·t·i·o·n

이번 장에서는 자주 사용하는 글자 모양이나 문단 모양을 스타일로 미리 지정하여 필요할 때 글자 모양이나 문단 모양을 한꺼번에 바꾸는 방법에 대해 알아보겠습니다.

01 스타일 추가하기

• 준비파일 : 이론)실습파일)13장_실습파일.hwp
• 완성파일 : 이론)완성파일)13장_완성파일.hwp ★

1 준비파일을 연 후 제목 부분에 스타일을 지정하기 위해 **[서식] 탭**의 **[스타일 추가하기]**( )를 클릭합니다.

2 **[스타일 추가하기]** 대화상자에서 **스타일 이름**은 '**제목**'으로 입력하고, **스타일 종류**는 '**글자**'를 선택한 후 **[글자 모양]**을 클릭합니다.

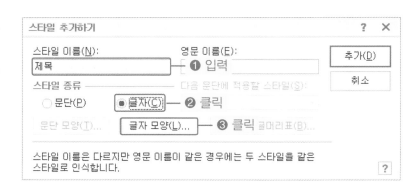

3 [글자 모양] 대화상자에서 **기준 크기**는 '16pt', 글꼴은 '**맑은 고딕**', 글자 속성은 '**진하게**', 글자 색은 '**바다색**'을 선택한 후 [**설정**]을 클릭합니다.

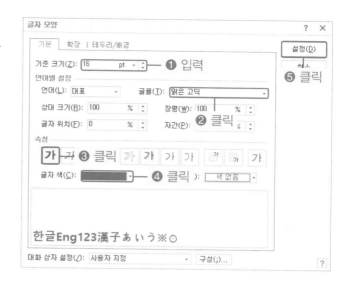

4 다시 [**스타일 추가하기**] 대화상자가 열리면 [**추가**]를 클릭합니다.

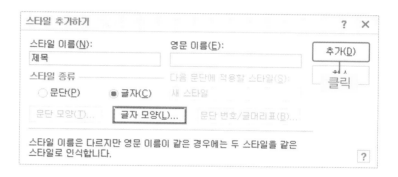

5 스타일 그룹에 '제목' 스타일이 추가된 것을 확인할 수 있습니다. 제목 부분에 스타일을 적용하기 위해 제목을 드래그한 후 추가된 스타일을 클릭합니다.

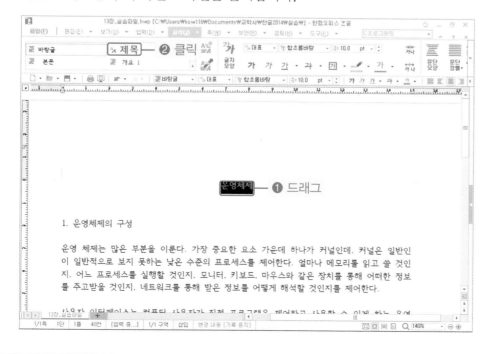

6 제목 부분에 스타일이 제대로 지정되었는지 확인합니다.

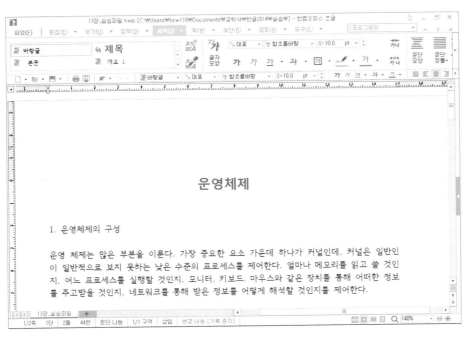

02 스타일 편집하기 ★

1 개요 스타일을 편집하기 위해 본문 첫줄에 커서를 위치한 후 **[서식] 탭**의 **[스타일]**을 클릭하거나 단축키 **F6** 을 누릅니다.

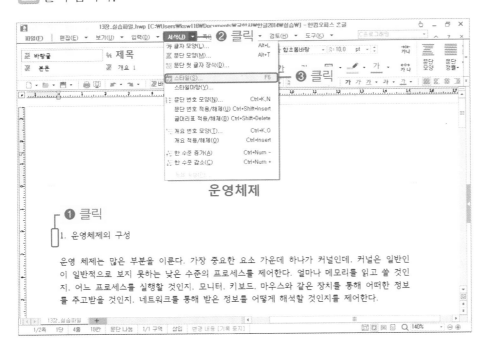

② **[스타일]** 대화상자에서 **'개요 1'**을 선택한 후 **[스타일 편집하기]**(✎)를 클릭합니다.

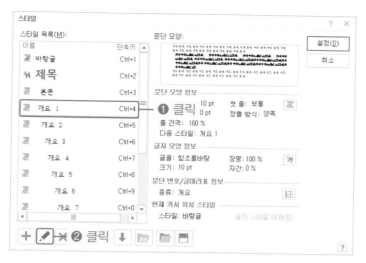

③ **[스타일 편집하기]** 대화상자에서 **[글자 모양]**을 선택합니다.

스타일 편집하기   ? ✕

스타일 이름(N):   영문 이름(E):   설정(D)
개요 1   Outline 1
                     다음 문단에 적용할 스타일(S):   취소
                     개요 1

문단 모양(T)...   글자 모양(L)... ┤ 클릭 글머리표(B)...

스타일 이름은 다르지만 영문 이름이 같은 경우에는 두 스타일을 같은
스타일로 인식합니다.

④ **[글자 모양]** 대화상자에서 **기준 크기**는 **'12pt'**, **글꼴**은 **'한컴돋움'**, **글자 속성**은 **'진하게'**를 선택한 후 **[설정]**을 클릭합니다.

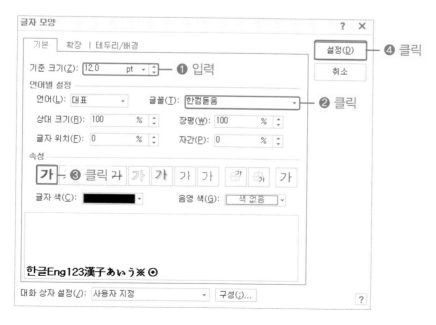

5 다시 **[스타일 편집하기]** 대화상자로 돌아오면 **[설정]**을 클릭한 후 **[스타일]** 대화상자의 스타일 목록에서 '**개요 1**' 스타일이 변경된 것을 확인하고 **[설정]**을 클릭합니다.

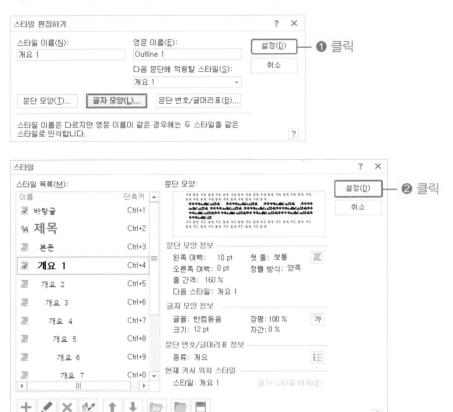

6 개요 부분의 스타일이 제대로 변경되었는지 확인합니다.

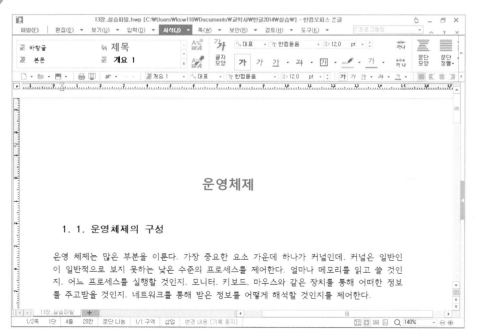

· 준비파일 : 셀프테스트〉실습파일)13장_실습파일.hwp
· 완성파일 : 셀프테스트〉완성파일)13장_완성파일.hwp

01 준비파일을 불러온 후 스타일 이름은 '제목', 스타일 종류는 '글자', 글꼴은 'HY견고딕', 크기는 '20pt'로 지정된 스타일을 추가하여 제목에 적용해 보세요.

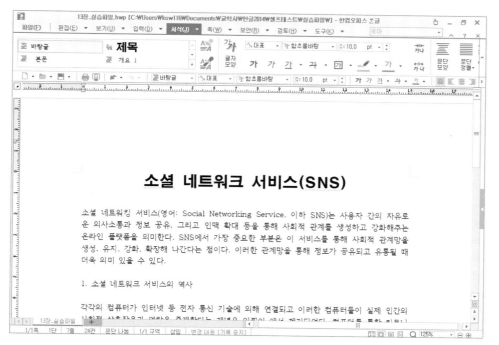

02 아래와 같이 문단 모양의 첫 줄은 '들여쓰기', 글자 모양은 '한컴돋움', '진하게', '12pt'로 개요 스타일을 편집해 보세요.

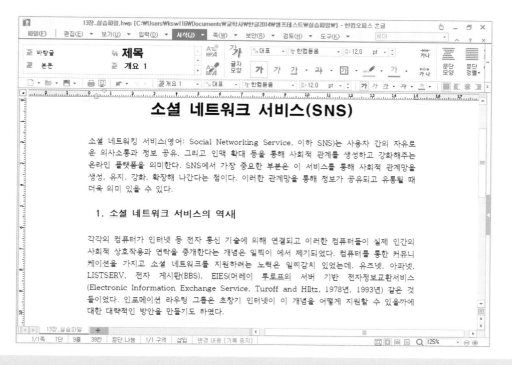

14
S·e·c·t·i·o·n

수식 입력하기

이번 장에서는 수식 편집기를 이용하여 간단한 산술식부터 복잡한 공식에 이르기까지 다양한 수식을 입력하는 방법에 대해 알아보겠습니다.

01 수식 편집기 불러오기

• 완성파일 : 이론)완성파일)14장_완성파일.hwp ★

1 수식을 입력하기 위해 **[입력] 탭**의 **[수식]**(*f∞*)을 클릭하거나 단축키 **Ctrl** + **N** , **M** 을 누릅니다.

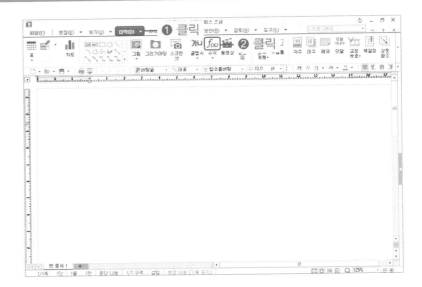

2 **[수식 편집기]** 대화상자가 열린 것을 확인할 수 있습니다.

1 아래와 같은 수식을 입력하기 위해 **[적분]**(∫□)을 선택한 후 첫 번째 항목을 클릭합니다.

$$\int x^n \, dx = \frac{x^{n+1}}{n+1} + C$$

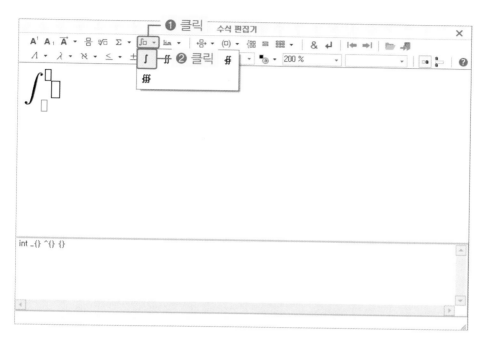

2 "x"를 입력한 후 **[위첨자]**(A^1)를 클릭하고 "n"을 입력하면 'xn'이 완성됩니다.

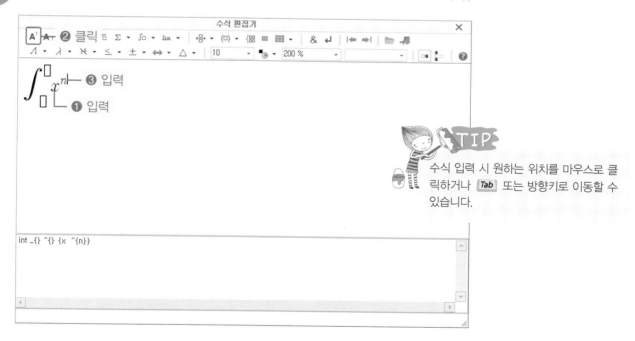

TIP

수식 입력 시 원하는 위치를 마우스로 클릭하거나 **Tab** 또는 방향키로 이동할 수 있습니다.

③ **Tab** 또는 **→**를 이용하여 커서를 이동한 후 아래와 같이 입력한 다음 **[분수]**(믐)를 클릭합니다.

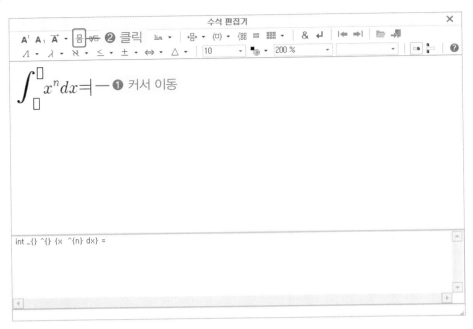

④ 분자에 "**x**"를 입력하고 **[위첨자]**(**A¹**)를 클릭한 후 "**n+1**"을 입력합니다.

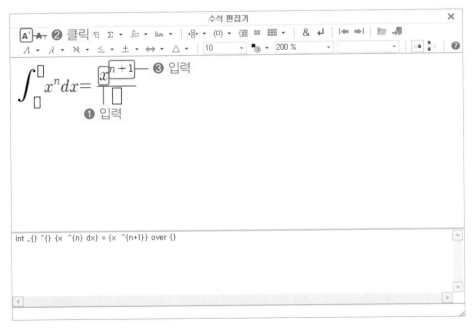

⑤ 분모에 커서를 이동한 후 **"n+1"**을 입력한 다음 커서를 이동하여 나머지 수식도 입력합니다. 수식 편집기를 빠져나오려면 **[넣기]**(⬅) 또는 단축키 **Shift** + **Esc** 를 누릅니다.

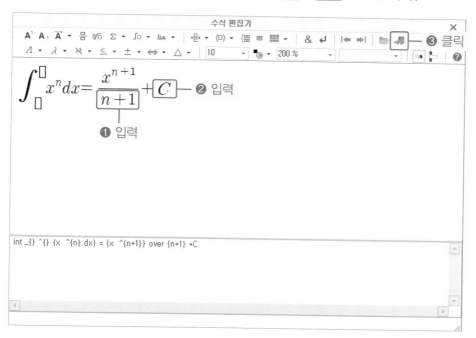

⑥ 문서 창에 수식이 제대로 적용되었는지 확인합니다.

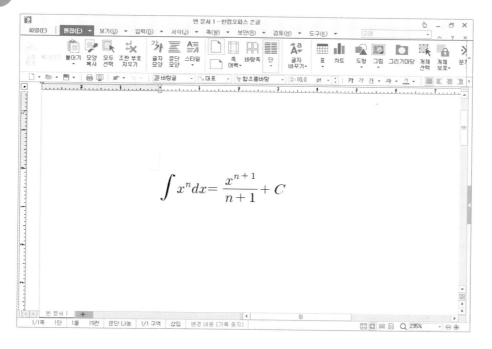

셀프 테스트

01 수식 편집기를 이용하여 아래와 같이 수식을 작성해 보세요.

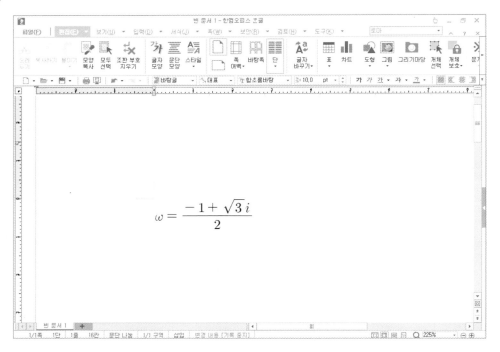

$$\omega = \frac{-1 + \sqrt{3}\, i}{2}$$

02 수식 편집기를 이용하여 아래와 같이 수식을 작성해 보세요.

$$\int \frac{x^3}{x+1}dx + \int \frac{1}{x+1}dx = \int (x^2 - x + 1)dx$$

• 완성파일 : 셀프테스트)완성파일)14장_완성파일.hwp

 03 수식 편집기를 이용하여 아래와 같이 수식을 작성해 보세요.

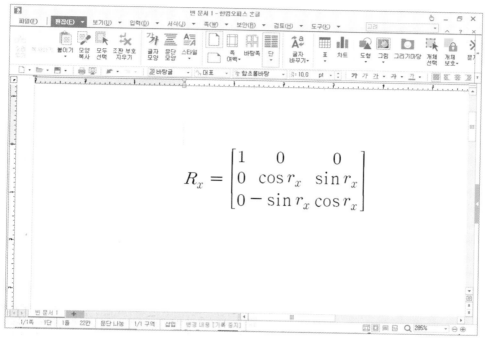

$$R_x = \begin{bmatrix} 1 & 0 & 0 \\ 0 & \cos r_x & \sin r_x \\ 0 & -\sin r_x & \cos r_x \end{bmatrix}$$

 04 수식 편집기를 이용하여 아래와 같이 수식을 작성해 보세요.

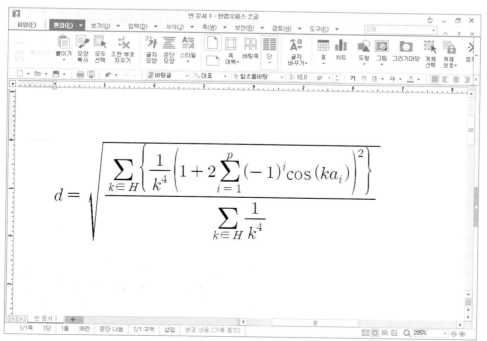

$$d = \sqrt{\frac{\sum_{k \in H}\left\{\frac{1}{k^4}\left(1 + 2\sum_{i=1}^{p}(-1)^i\cos(ka_i)\right)^2\right\}}{\sum_{k \in H}\frac{1}{k^4}}}$$

15
S·e·c·t·i·o·n

다단 설정 및 구역 나누기

이번 장에서는 문서를 여러 개의 단으로 나누어 사용하는 다단 기능과 구역마다 편집 용지의 방향을 다르게 설정할 수 있는 구역 나누기에 대해 알아보겠습니다.

01 다단 설정하기

• 준비파일 : 이론)실습파일)15장_실습파일.hwp
• 완성파일 : 이론)완성파일)15장_완성파일.hwp ★

1 준비파일을 연 후 문서에 다단을 설정하기 위해 제목을 제외한 나머지 내용을 드래그합니다.

TIP

블록 지정
① 내용이 적은 경우 : 마우스로 직접 드래그
② 내용도 많고 원하는 부분만 지정할 경우 : 내용 첫 글자 앞에 커서 위치 후 내용 마지막 부분에 **Shift**+마우스 클릭
③ 문서 전체를 지정할 경우 : **Ctrl**+**A**

블록 지정

2 [쪽] 탭의 [단] 내림단추(▾)를 클릭한 후 [둘](▥)을 선택합니다.

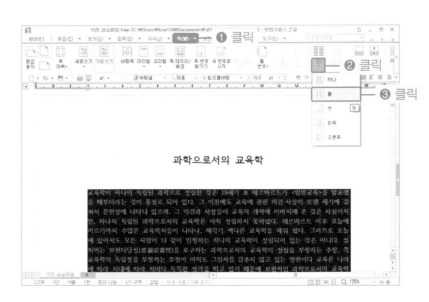

③ 문서의 내용이 2단으로 설정된 것을 확인할 수 있습니다.

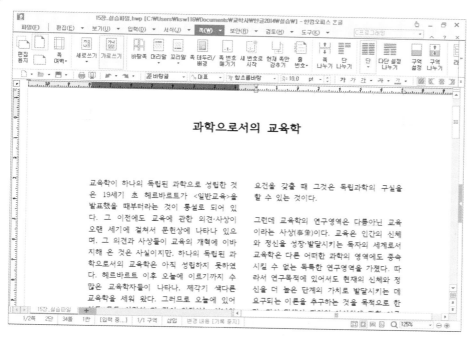

④ 이번에는 문서의 일부 내용을 3단으로 설정하기 위해 첫 페이지의 아래쪽 부분 **'첫째로'** 앞에 커서를 위치한 후 [쪽] 탭의 [다단 설정 나누기](▤)를 클릭합니다.

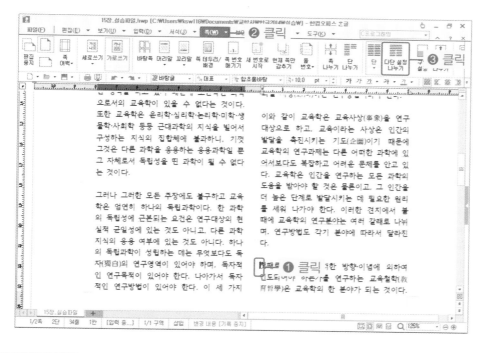

5 [쪽] 탭의 [단] 내림단추(▾)를 클릭한 후 [셋]( )을 선택합니다.

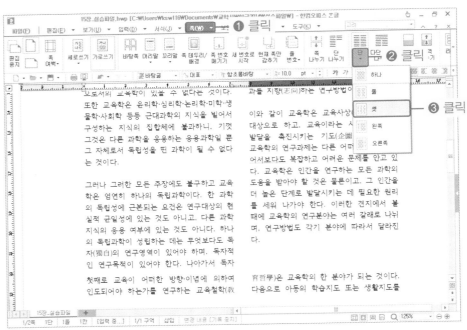

6 '첫째로' 이후의 문단부터는 3단으로 설정된 것을 확인할 수 있습니다.

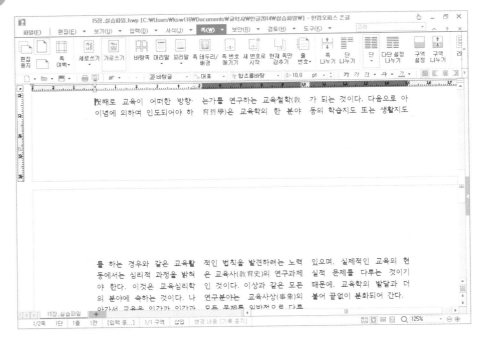

1 페이지마다 편집 용지의 방향을 다르게 설정하기 위해 첫 페이지에서 2단으로 설정한 맨 마지막 부분에 커서를 위치한 후 [쪽] 탭의 [구역 나누기]( )를 클릭합니다.

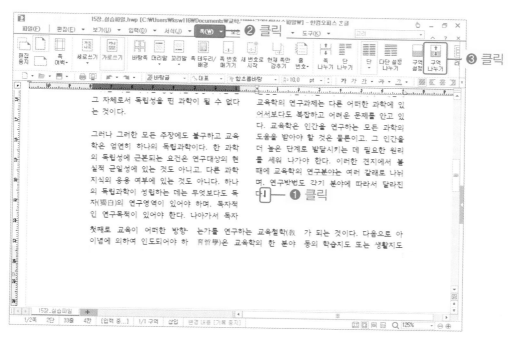

2 [쪽] 탭에서 [가로]( )를 클릭합니다.

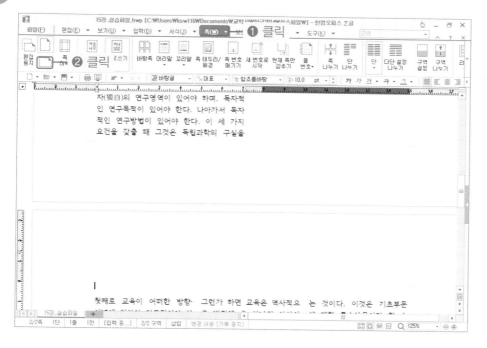

3 설정한 편집 용지의 방향을 확인하기 위해 서식 도구 상자의 **[미리보기]**(🖳)를 클릭합니다.

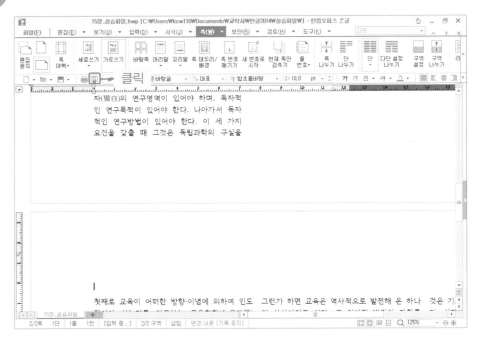

4 1쪽은 **'세로'**, 2쪽은 **'가로'**로 설정된 것을 확인할 수 있습니다.

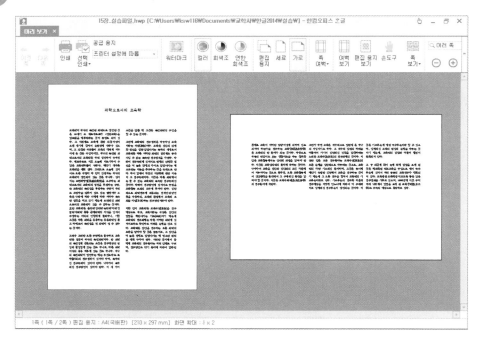

• 준비파일 : 셀프테스트>실습파일>15장_실습파일.hwp
• 완성파일 : 셀프테스트>완성파일>15장_완성파일.hwp

01 준비파일을 불러온 후 아래와 같이 '2단'으로 설정해 보세요.

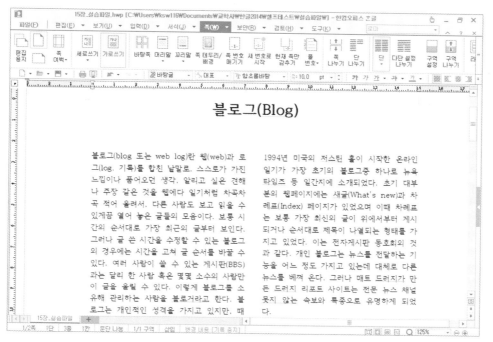

02 아래와 같이 구역 나누기를 이용하여 2쪽의 편집 용지 방향을 '가로'로 설정해 보세요.

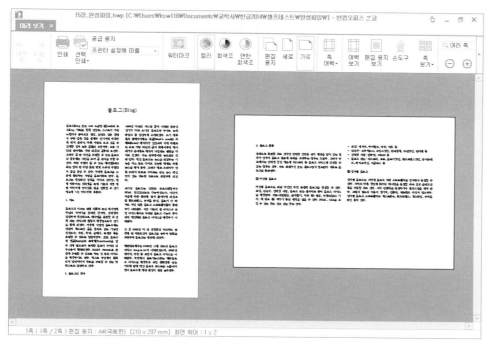

16
S·e·c·t·i·o·n

목차 만들기

이번 장에서는 보고서나 논문 등 순차적으로 구성된 문서에 제목 차례를 표시하여 자동으로 목차를 만드는 방법에 대해 알아보겠습니다.

---

01 제목 차례 표시하기

· 준비파일 : 이론)실습파일)16장_실습파일.hwp
· 완성파일 : 이론)완성파일)16장_완성파일.hwp

1 준비파일을 연 후 문서의 제목 차례로 사용할 소제목 앞에 커서를 위치합니다.

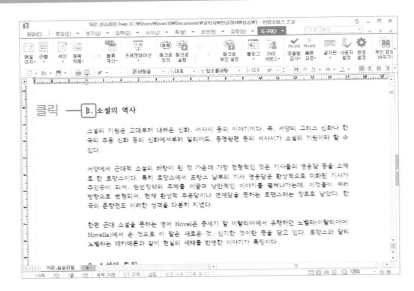

2 [도구] 탭의 [제목 차례](📖)를 클릭한 후 [제목 차례 표시]를 선택합니다.

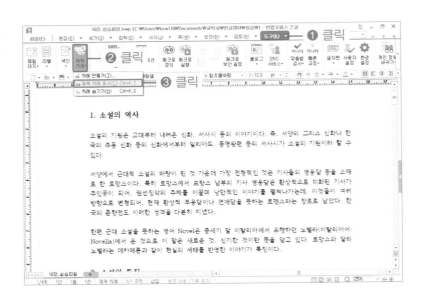

③ 나머지 소제목들도 위와 같은 방법으로 제목 차례를 표시한 후 제대로 삽입되었는지 확인하기 위해 **[보기] 탭**의 **[조판 부호]**에 체크합니다.

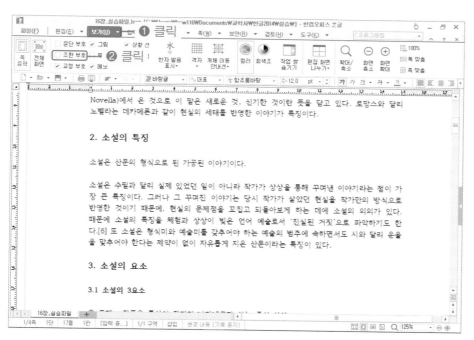

④ 소제목들마다 제목 차례가 제대로 삽입된 것을 확인할 수 있습니다.

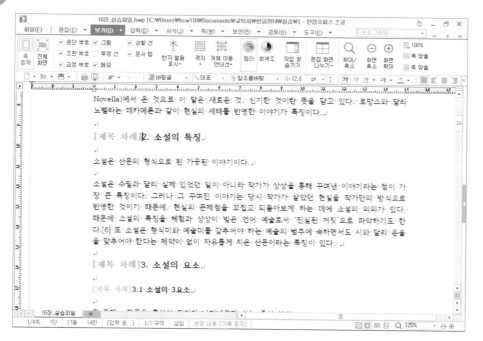

1 제목 차례를 표시한 소제목들을 모아 목차를 만들기 위해 **[도구] 탭**의 **[제목 차례]**( )를 클릭한 후 **[차례 만들기]**를 선택합니다.

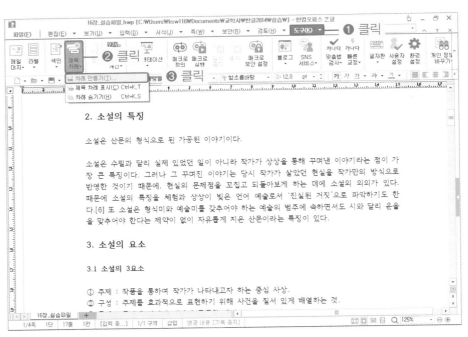

2 **[차례 만들기]** 대화상자에서 **'제목 차례'**, **'차례 코드로 모으기'**를 선택하고, **만들 위치**는 **'새 탭'**, **탭 모양**은 **'문단 오른쪽 끝 자동 탭'**을 선택하고 **[만들기]**를 클릭합니다.

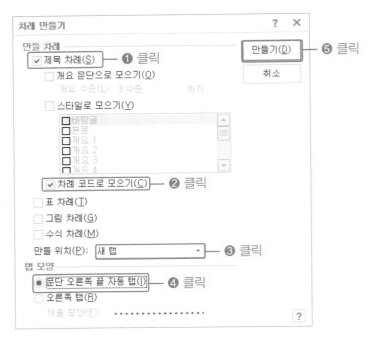

3 새 탭에 자동으로 제목 차례가 생성된 것을 확인할 수 있습니다. 제목 차례의 개요 모양을 편집하기 위해 **[서식] 탭**의 내림단추(▼)를 클릭하여 **[스타일]**을 선택하거나 단축키 **F6** 을 누릅니다.

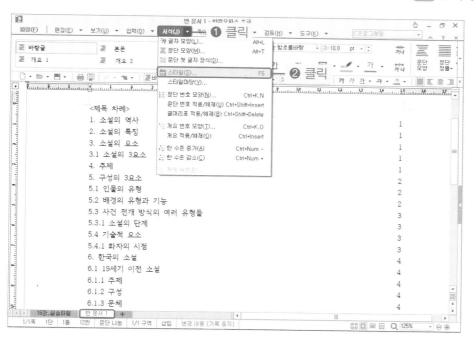

4 **[스타일]** 대화상자에서 **'개요 1'**을 선택하고 **[문단 번호/글머리표]**를 클릭합니다.

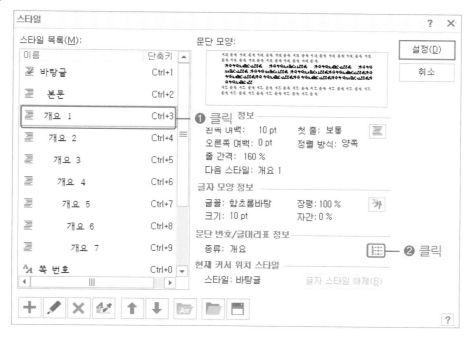

5 [문단 번호/글머리표] 대화상자에서 **문단 번호 모양**을 '**없음**'으로 선택하고 [**설정**]을 클릭합니다.

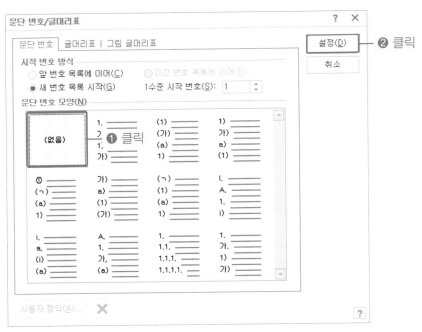

6 나머지 '**개요 2**'와 '**개요 3**'도 위와 같이 설정한 후 [**스타일**] 대화상자로 돌아오면 [**설정**]을 클릭합니다.

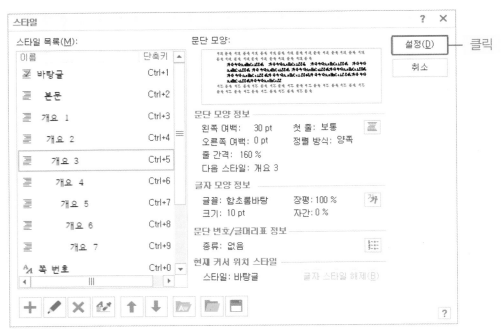

7 제목 차례에 개요 모양을 적용하기 위해 각 수준별로 드래그한 후 **1수준**은 '**개요 1**', 2수준은 '**개요 2**', 3수준은 '**개요 3**'을 선택하여 제대로 적용되었는지 확인합니다.

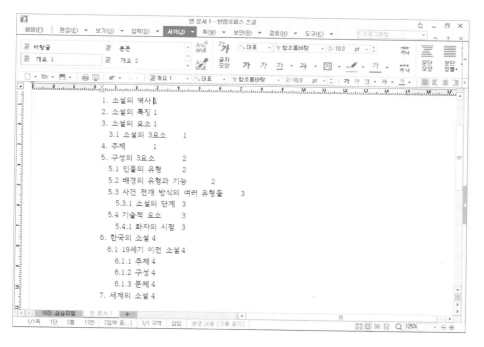

8 소제목과 쪽 번호 사이에 탭 모양을 점선으로 채우기 위해 제목 차례 전체를 드래그한 후 **[서식] 탭**의 **[문단 모양]**을 클릭합니다.

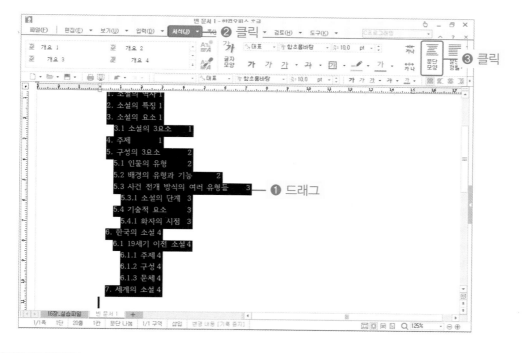

9 [**문단 모양**] 대화상자의 [**탭 설정**] 탭에서 **탭 종류**는 '**왼쪽**', 채울 모양은 '**점선**', **탭 위치**는 '**400pt**' 입력 후 [**추가**]를 클릭하면 탭 목록에 추가됩니다. 추가된 탭을 선택한 후 [**설정**]을 클릭합니다.

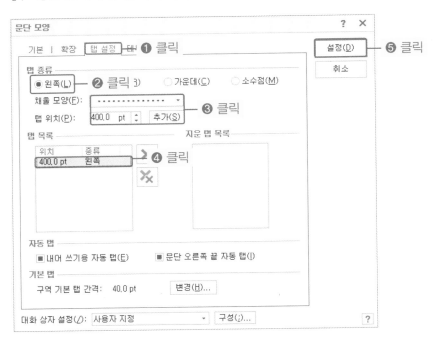

10 제목 차례에 탭 모양이 점선으로 채워진 것을 확인할 수 있습니다.

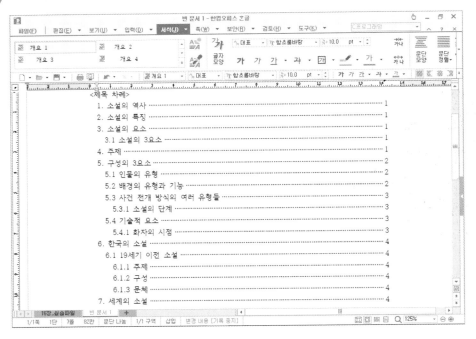

* 준비파일 : 셀프테스트〉실습파일〉16장_실습파일.hwp
* 완성파일 : 셀프테스트〉완성파일〉16장_완성파일.hwp

01 준비파일을 불러온 후 아래와 같이 소제목마다 제목 차례를 표시해 보세요.

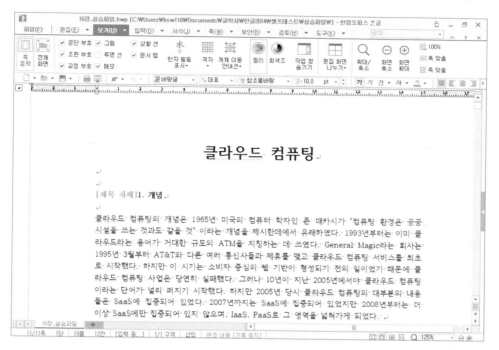

02 아래와 같이 제목 차례를 표시한 소제목들을 모아 목차를 만들어 보세요.

17
S·e·c·t·i·o·n

찾아 바꾸기

이번 장에서는 문서 내에서 원하는 단어를 찾는 방법과 수정이 필요한 단어를 찾아 한 꺼번에 바꾸는 방법에 대해 알아보겠습니다.

01 단어 찾기

• 준비파일 : 이론〉실습파일〉17장_실습파일.hwp
• 완성파일 : 이론〉완성파일〉17장_완성파일.hwp ★

1 문서에서 원하는 단어를 찾기 위해 **[편집] 탭**의 **[찾기]**(🔍)를 클릭하거나 단축키 **Ctrl** + **F** 를 누릅니다.

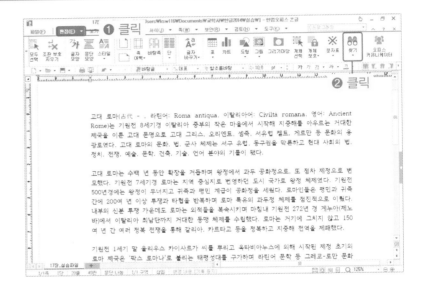

2 **[찾기]** 대화상자에서 **찾을 내용**은 "**로마**"를 입력하고, **찾을 방향**은 '**문서 전체**'를 선택한 후 **[모두 찾기]** 를 클릭하면 찾은 내용의 개수와 찾은 내용이 형광색으로 표시된 것을 확인할 수 있습니다.

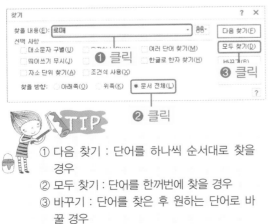

TIP

① 다음 찾기 : 단어를 하나씩 순서대로 찾을 경우
② 모두 찾기 : 단어를 한꺼번에 찾을 경우
③ 바꾸기 : 단어를 찾은 후 원하는 단어로 바꿀 경우

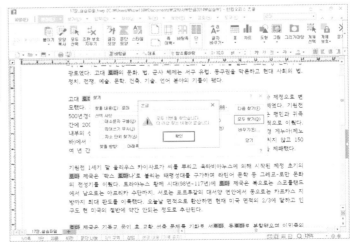

02 단어 바꾸기 ★

1 문서에서 단어를 찾아 한 번에 바꾸기 위해 **[편집] 탭**의 **[찾기]** 내림단추(▾)를 클릭한 후 **[찾아 바꾸기]**를 클릭하거나 단축키 **Ctrl** + **F2** 를 누릅니다.

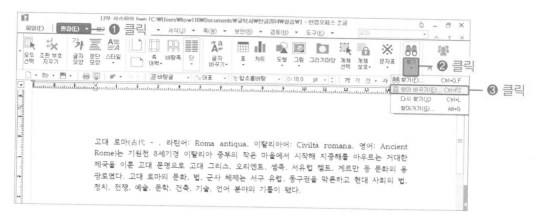

2 **[찾아 바꾸기]** 대화상자에서 **찾을 내용**은 **"로마"**로, **바꿀 내용**은 '**그리스**'를 입력하고 **찾을 방향**은 '**문서 전체**'를 선택한 후 **[서식 찾기]**(👀)를 클릭합니다.

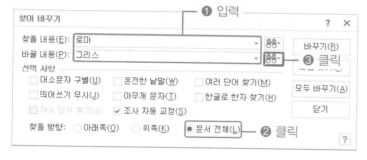

3 변경된 단어를 구별하기 위해 '**바꿀 글자 모양**'을 클릭합니다.

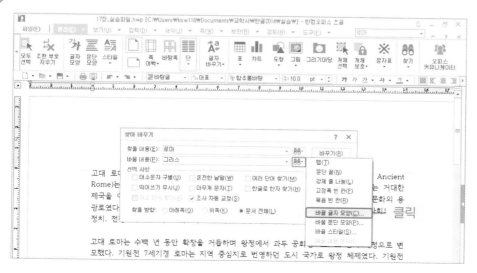

4 [글자 모양] 대화상자에서 **글자 색**을 '**빨강**'으로 선택한 후 [**설정**]을 클릭합니다.

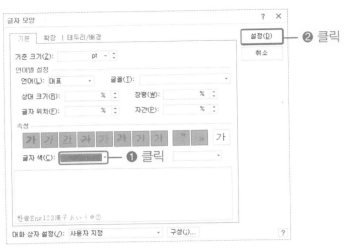

5 [**찾아 바꾸기**] 대화상자로 돌아오면 [**모두 바꾸기**]를 클릭합니다.

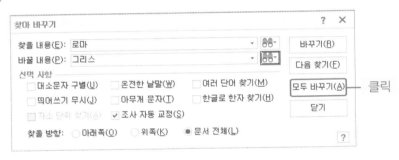

6 단어를 바꾼 개수와 바뀐 단어의 색깔이 '빨강'으로 변경된 것을 확인합니다.

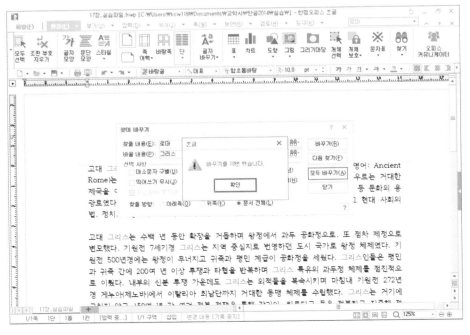

• 준비파일 : 셀프테스트〉실습파일〉17장_실습파일.hwp
• 완성파일 : 셀프테스트〉완성파일〉17장_완성파일.hwp

01 준비파일을 불러온 후 아래와 같이 찾기 기능을 이용하여 '고려'라는 단어를 찾아보세요.

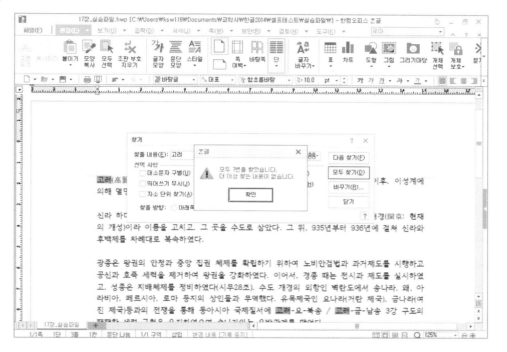

02 아래와 같이 찾아 바꾸기 기능을 이용하여 '고려'를 '조선'으로 바꾸고 글자 색은 '빨강'으로 표시해 보세요.

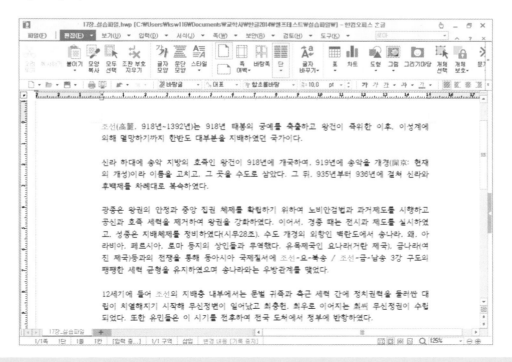

17 | 찾아 바꾸기 · 107

18 주석 달기
S·e·c·t·i·o·n

이번 장에서는 문서 작성 시 내용을 보충하여 설명하는 방법으로 주석을 사용하는데 현재 페이지에 다는 각주와 문서의 맨 끝에 다는 미주에 대해 알아보겠습니다.

01 각주 달기

• 준비파일 : 이론〉실습파일〉18장_실습파일.hwp
• 완성파일 : 이론〉완성파일〉18장_완성파일.hwp ★

1 문서에 각주를 달기 위해 1쪽 아래 부분 **'데이터 마이닝'** 뒤에 커서를 위치한 후 **[입력] 탭**의 **[각주]**(圖)를 클릭하거나 단축키 **Ctrl** + **N** , **N** 을 누릅니다.

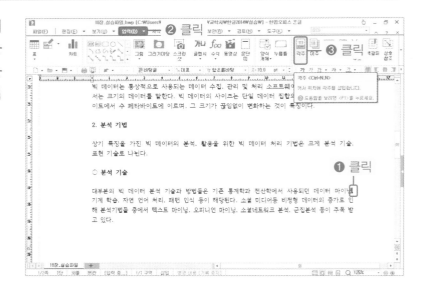

2 1쪽 맨 아래에 각주가 삽입되면 **"방대한 양의 데이터로부터 유용한 정보를 추출하는 것"**이라고 입력한 후 빠져나오기 위해 **[닫기]**( ) 또는 본문 아무 곳이나 마우스를 클릭합니다.

1 문서에 미주를 달기 위해 1쪽 아래 부분 **'기계 학습'** 뒤에 커서를 위치한 후 **[입력] 탭**의 **[미주]**(圐)를 클릭하거나 단축키 **Ctrl** + **N** , **E** 를 누릅니다.

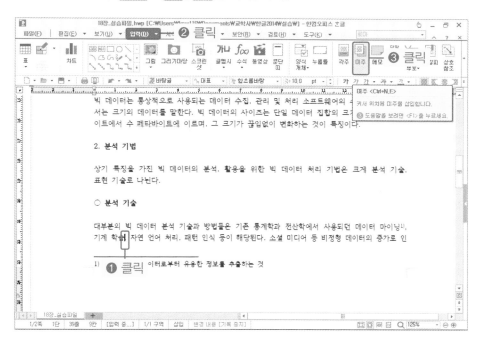

2 문서의 끝에 미주가 삽입되면 **"방대한 데이터를 분석해 미래를 예측하는 기술"**이라고 입력한 후 주석의 모양을 변경하기 위해 **[각주/미주 모양 고치기]**(✏️)를 클릭합니다.

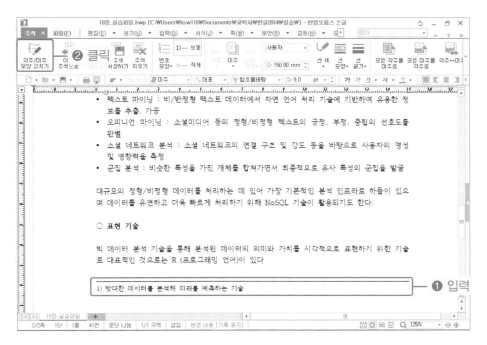

3 **[주석 모양]** 대화상자에서 **번호 모양**은 '①,②,③', 길이는 '**단 너비의 1/3**', 굵기는 '**0.4mm**'를 선택한 후 **[설정]**을 클릭합니다.

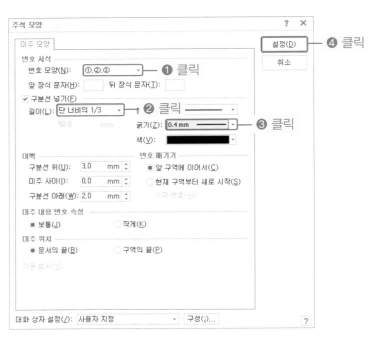

4 미주의 모양이 변경된 것을 확인합니다.

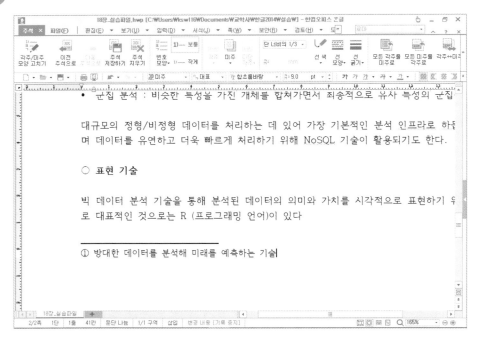

• 준비파일 : 셀프테스트〉실습파일〉18장_실습파일.hwp
• 완성파일 : 셀프테스트〉완성파일〉18장_완성파일.hwp

01 준비파일을 불러온 후 아래와 같이 3번째 줄의 '플립드러닝' 단어에 각주를 달고 "강의보다는 학생과의 상호작용에 수업시간을 더 할애할 수 있는 교수학습 방식"이라고 입력해 보세요.

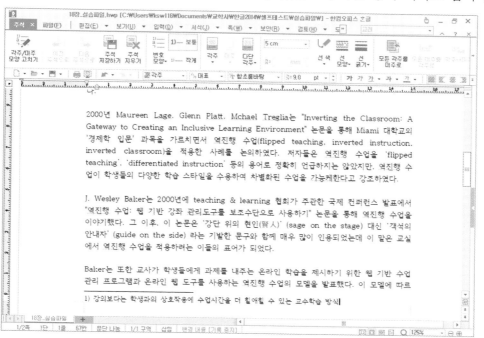

02 아래와 같이 1쪽 맨 아래의 '웹 기반 수업' 단어에 미주를 달고 "교수자와 학습자가 직접 대면하지 않고 인터넷을 기반으로 하는 교육방식"이라고 입력한 후 선 굵기는 '0.5mm'로 설정해 보세요.

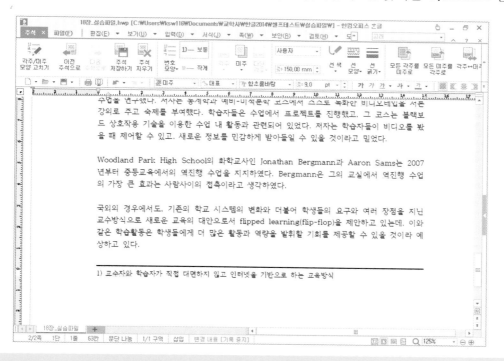

메모 넣기

S·e·c·t·i·o·n

이번 장에서는 문서에 간단한 메모를 삽입하는 방법과 메모를 편집하는 방법에 대해 알아보겠습니다.

01 메모 삽입하기

• 준비파일 : 이론)실습파일)19장_실습파일.hwp
• 완성파일 : 이론)완성파일)19장_완성파일.hwp ★

1 문서에 간단한 메모를 삽입하기 위해 **'정확성'**에 커서를 위치한 후 **[검토] 탭**의 **[메모 넣기]**( )를 클릭합니다.

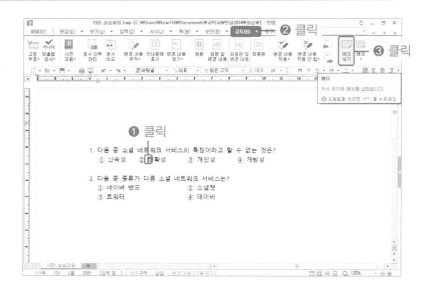

2 메모가 삽입되면 **"SNS는 주관적인 내용이 많아 정확성을 보장할 수 없음"**이라고 입력한 후 본문을 클릭하여 빠져나옵니다.

02 메모 편집하기

1 삽입된 메모를 편집하기 위해 메모를 마우스로 한 번 클릭한 후 **[메모 모양]**(✏️)을 클릭합니다.

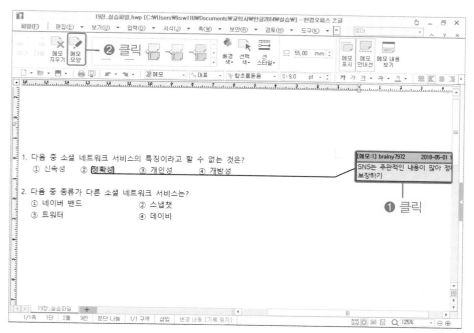

2 **[메모 모양]** 대화상자에서 **테두리 색**은 '**루비색**', **종류**는 '**파선**'을 선택한 후 **[설정]**을 클릭합니다.

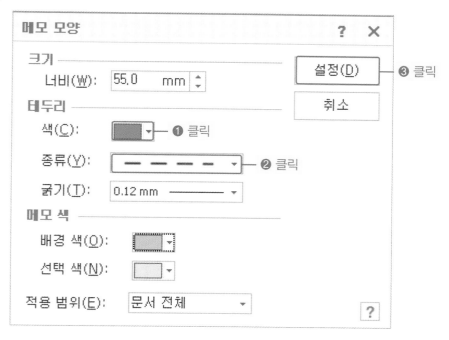

③ 메모 모양이 변경된 것을 확인할 수 있습니다. 이번에는 메모를 숨기기 위해 **[검토] 탭**의 **[메모]**를 클릭하여 **[메모 보이기/숨기기]**를 선택합니다.

④ 메모가 숨겨진 것을 확인할 수 있습니다. 메모를 다시 보이게 하려면 **[메모 보이기/숨기기]**를 한 번 더 선택합니다.

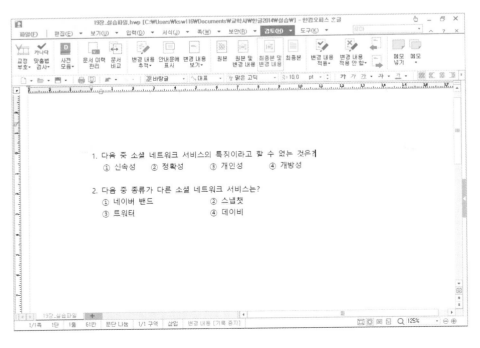

• 준비파일 : 셀프테스트〉실습파일〉19장_실습파일.hwp
• 완성파일 : 셀프테스트〉완성파일〉19장_완성파일.hwp

01 준비파일을 불러온 후 아래와 같이 '가락바퀴'에 메모를 삽입하고 "가락바퀴는 신석기시대의 유물임"이라고 입력해 보세요.

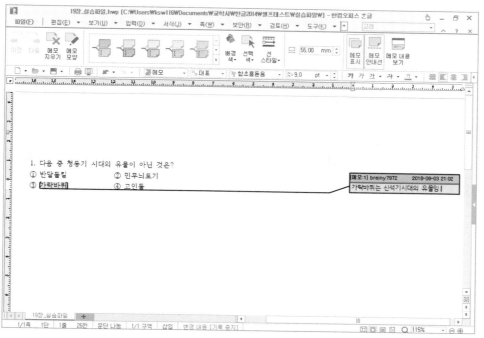

02 아래와 같이 메모 모양의 테두리 색은 '바다색', 테두리 종류는 '원형 점선', 테두리 굵기는 '0.5mm'로 편집해 보세요.

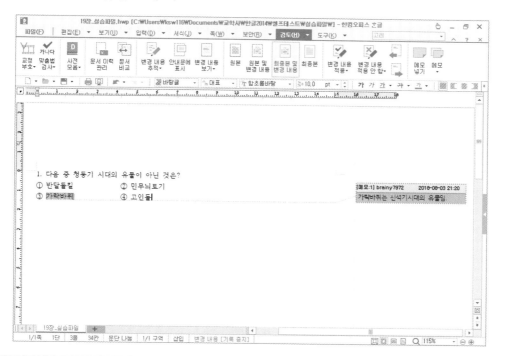

캡션 및 하이퍼링크 만들기

이번 장에서는 표나 그림의 제목으로 사용되는 캡션과 텍스트 또는 이미지를 클릭했을 때 연결된 페이지로 이동시키는 하이퍼링크 만들기에 대해 알아보겠습니다.

01 캡션 만들기

• 준비파일 : 이론〉실습파일〉20장_실습파일.hwp
• 완성파일 : 이론〉완성파일〉20장_완성파일.hwp

1 표에 제목을 삽입하기 위해 표를 선택한 상태에서 **[표] 탭**의 **[캡션]** (🖫) 내림단추(▾)를 클릭한 후 캡션을 넣을 위치는 '**위**'를 선택합니다. 단축키 `Ctrl` + `N`, `C` 를 누르면 캡션 위치가 왼쪽 아래로 지정됩니다.

TIP

표를 선택한 상태에서 단축키 `Ctrl` + `N`, `C` 를 누르면 캡션이 왼쪽 아래에 위치합니다.

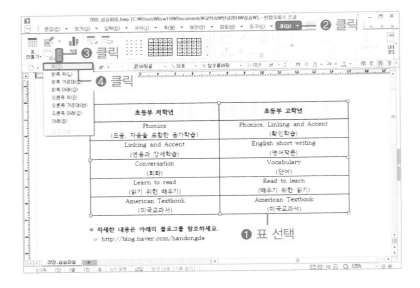

2 '**표 1**'이라는 캡션이 생성되면 "**초등부 영어 커리큘럼**"이라고 입력합니다.

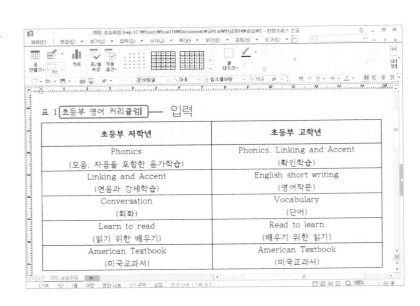

1 문서 내의 텍스트에 하이퍼링크를 만들기 위해 주소를 드래그한 후 **[입력] 탭**의 **[하이퍼링크]**(🌐)를 클릭하거나 단축키 **Ctrl** + **K** , **H** 를 누릅니다.

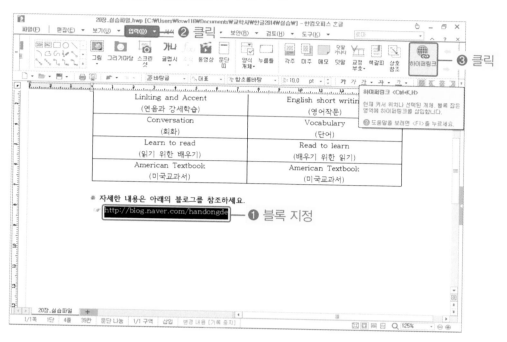

2 **[하이퍼링크]** 대화상자에서 **연결 종류**는 '**웹 주소**', **연결 대상**은 '**표시할 문자열**'의 주소를 복사하여 붙여넣기한 후 **[넣기]**를 클릭합니다.

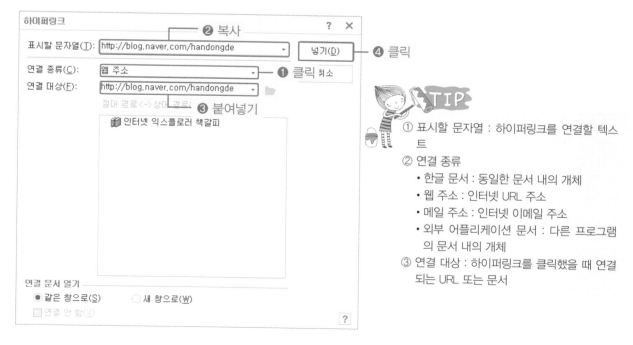

① 표시할 문자열 : 하이퍼링크를 연결할 텍스트
② 연결 종류
  • 한글 문서 : 동일한 문서 내의 개체
  • 웹 주소 : 인터넷 URL 주소
  • 메일 주소 : 인터넷 이메일 주소
  • 외부 어플리케이션 문서 : 다른 프로그램의 문서 내의 개체
③ 연결 대상 : 하이퍼링크를 클릭했을 때 연결되는 URL 또는 문서

3 텍스트에 하이퍼링크가 추가되어 파란색으로 변경된 것을 확인할 수 있습니다.

4 하이퍼링크가 연결된 텍스트를 클릭하면 해당 페이지로 이동하는 것을 확인할 수 있습니다.

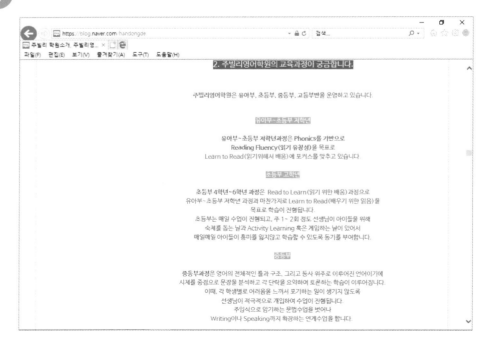

셀프 테스트

• 준비파일 : 셀프테스트〉실습파일〉20장_실습파일.hwp
• 완성파일 : 셀프테스트〉완성파일〉20장_완성파일.hwp

01 준비파일을 불러온 후 아래와 같이 캡션을 추가한 다음 "교육비 내역"이라고 입력하고 '가운데 정렬'을 해 보세요.

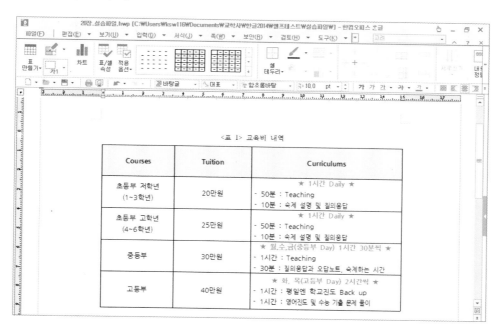

02 아래와 같이 "네이버(http://naver.com)로 이동"이라고 입력한 후 하이퍼링크를 추가해 보세요.

연결 종류 : 웹 주소, 연결 대상 : http://naver.com

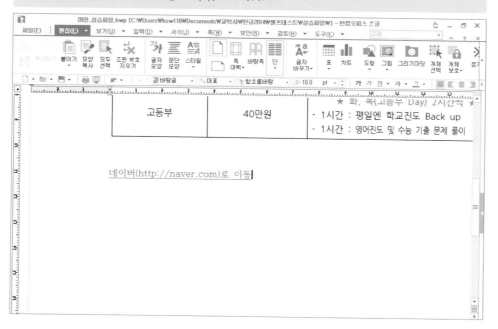

정보화 실무

한글 2010

두드림기획 지음 |

국배변형판 |

112쪽 |

6,000원 |

정보화 실무

엑셀 2010

두드림기획 지음 |

국배변형판 |

112쪽 |

6,000원 |

정보화 실무

파워포인트 2010

두드림기획 지음 |

국배변형판 |

112쪽 |

6,000원 |

정보화 실무

**엑셀 2010
+파워포인트
2010**

두드림기획 지음 |

국배변형판 |

224쪽 |

10,000원 |

정보화 실무

**Windows10+
블로그**

김신웅 지음 |

국배변형판 |

120쪽 |

7,000원 |

정보화 실무

한글 2014

김신웅 지음 |

국배변형판 |

120쪽 |

7,000원 |

정보화 실무

엑셀 2016

김수진 지음 |

국배변형판 |

120쪽 |

7,000원 |

정보화 실무

파워포인트 2016

김수진 지음 |

국배변형판 |

120쪽 |

7,000원 |